Betriebswirtschaftslehre
Eine Einführung in hierarchischen Modulen
Band 7 – Unternehmensrechnung
– Finanzbuchhaltung –

1. Auflage

Eike Clausius

Danksagung

Der Verfasser bedankt sich an dieser Stelle bei all denjenigen, mit deren Anteilnahme und Mithilfe dieser Band entstanden ist. Besonders meine Studenten/ -innen der Einführung in die Betriebswirtschaftslehre trugen durch ihr ständiges Hinterfragen und ihre hilfreichen Anregungen zum Entstehen dieses Werkes bei.

Mein Dank geht hier auch an meinen wissenschaftlichen, studentischen Mitarbeiter (BA BWL & BA Hons Business) Kevin Reuther sowie meine wissenschaftliche Mitarbeiterin Dipl-oec. Petra Grundke. Beide haben mit intensivem Interesse und hohem persönlichen Einsatz viel zur Erstellung dieses Bandes beigetragen. Ihnen sei auch für die Ermunterungen und Diskussionen gedankt.

Mein ganz persönlicher Dank gilt meiner Frau Evelyn, die mich vor familiären und zeitlichen Blockaden bewahrt, unterstützt und mir stets Mut zugesprochen hat: Ihr widme ich diese Publikation.

Eike Clausius
Berlin/ Zwickau 2016

Betriebswirtschaftslehre

– Eine Einführung in hierarchischen Modulen –

Band 7
– Unternehmensrechnung –
– Finanzbuchhaltung –

Eike Clausius

Berlin/ Zwickau 2016

1. Auflage

© 2016 www.eikeclausius.de

Alle Rechte vorbehalten. All rights reserved.

Alle Rechte, auch die der Übersetzung, des Nachdrucks und der Vervielfältigung des Werkes oder Teilen daraus, vorbehalten. Kein Teil des Werkes darf ohne schriftliche Genehmigung des Verlages in irgendeiner Form (Fotokopie, Fotographie, Mikrofilm oder ein anderes Verfahren), auch nicht für Zwecke der Unterrichtsgestaltung, reproduziert oder unter Verwendung elektronischer Systeme verarbeitet, vervielfältigt oder verbreitet werden.

Die Wiedergabe von eventuell verwendeten Gebrauchsnamen, Handelsnamen, Warenbezeichnungen usw. in diesem Werk berechtigt auch ohne besondere Kennzeichnung nicht zu der Annahme, dass solche Namen im Sinne der Warenzeichen- und Markenschutz-Gesetzgebung als frei zu betrachten wären und daher von jedermann benutzt werden dürften.

Trotz sorgfältigem Lektorat können Fehler auftreten. Autor und Verlag sind dankbar über diesbezügliche Hinweise.

Jegliche Haftung ist ausgeschlossen, alle Rechte bleiben vorbehalten.

Bibliografische Information der Deutschen Nationalbibliothek:
Die Deutsche Nationalbibliothek verzeichnet diese Publikation in der Deutschen Nationalbibliografie; detaillierte bibliografische Daten sind im Internet über http://dnb.dnb.de abrufbar.

© 2016 Dr. Eike Clausius

Illustration: Dr. Clausius Consulting

Herstellung und Verlag: BoD – Books on Demand, Norderstedt

ISBN: 9-7837-3477-720-2

Inhaltsverzeichnis

1. Einführung in die Betriebswirtschaftslehre 4
2. Betrieb als Erkenntnisobjekt der Betriebswirtschaftslehre . 4
3. Konstitutionaler Rahmen von Betrieben 4
4. Konstitutionaler Rahmen: privatrechtliche Rechtsformen von Betrieben 4
5. Konstitutionaler Rahmen: Unternehmenswendepunkte 4
6. Institutionaler Rahmen von Betrieben 4
7. Instrumentaler Rahmen des Betriebes 5
   - 7.1 Unternehmensrechnung – Betriebliches Rechnungswesen... 5
   - 7.2 Aufgaben und Formen des Rechnungswesens 10
   - 7.3 Grundbegriffe des Rechnungswesens 17
8. Unternehmensrechnung: Finanzbuchhaltung 20
   - 8.1 Begriff, Aufgaben und Gliederungsphasen der Finanzbuchhaltung 20
   - 8.2 Buchführungssysteme und -instrumente 27
   - 8.3 Gesetzliche Grundlagen der Finanzbuchhaltung 34
   - 8.4 Inventur - Inventurverfahren - Inventar 45
   - 8.5 Bilanz 52
     - 8.5.1 Entwicklung der Bilanz aus dem Inventar 52
     - 8.5.2 Bilanzarten 56
     - 8.5.3 Gliederungsschema einer Bilanz 64
     - 8.5.4 Grundsätze ordnungsmäßiger Bilanzierung 87
     - 8.5.5 Bewertungsgrundsätze, -maßstäbe und -vorschriften ... 95
     - 8.5.6 Bestandskonten 117
     - 8.5.7 Erfolgskonten 127
     - 8.5.8 Bestands- und Erfolgskontenveränderungen 129

8.6	Gewinn- und Verlustbestimmung	138
9	Unternehmensrechnung: Betriebsbuchhaltung	147

Abkürzungsverzeichnis 148

Sachwortregister 149

Literaturverzeichnis 167

Über den Autor 169

Abbildungsverzeichnis

Abbildung 69 - Unternehmensrechnung 5
Abbildung 70 - Aufgaben und Formen des Rechnungswesens 10
Abbildung 71 - Geldliche Ebenen im Unternehmen differenziert nach Bewegungs- und Bestandsgrößen 17
Abbildung 72 - Geschäftsbuchhaltung 20
Abbildung 73 - Offenlegungs- und Prüfungspflichten des Jahresabschlusses 23
Abbildung 74 - Offenlegungs- und Aufstellungsfristen (von Teilen) des Jahresabschlusses 25
Abbildung 75 - Grundsätze ordnungsmäßiger Buchführung (GoB) 37
Abbildung 76 - Inventur - Inventar 45
Abbildung 77 - Entwicklung der Bilanz aus dem Inventar 52
Abbildung 78 - Beispiel eines Inventars eines Unternehmens 54
Abbildung 79 - Beispiel der Entwicklung einer Bilanz aus einem Inventar 55
Abbildung 80 - Bilanzarten 56
Abbildung 81 – Gliederungsschemata von Bilanzen 64
Abbildung 82 - Bilanzgliederung einer Nicht-Kapitalgesellschaft 65
Abbildung 83 - Bilanzgliederung einer Kapitalgesellschaft 67
Abbildung 84 - Darstellung einer Bilanz nach tatsächlichen Verhältnissen 82
Abbildung 85 - Grundsätze ordnungsmäßiger Bilanzierung 87
Abbildung 86 - Bewertungsgrundsätze, -maßstäbe und –vorschriften 95
Abbildung 87 - Komponenten zur handels- und steuerrechtlichen Ermittlung der Herstellungs`kosten´ 102
Abbildung 88 - Desaggregation und Aggregation der Bilanz in Konten 117
Abbildung 89 - Tabellenbetrachtung jeder Bilanzposition (T-Konto) 118
Abbildung 90 - Systematisierung von Konten anhand des Industriekontenrahmens (IKR) 121
Abbildung 91 - Industriekontenrahmen (IKR) – 1 – 122
Abbildung 92 - Industriekontenrahmen (IKR) – 2 – 123
Abbildung 93 - Desaggregation und Aggregation der Bilanz in Konten unter besonderer Berücksichtigung des Eigenkapitalkontos 131
Abbildung 94 - Gliederungsschema des Gesamt`kosten´verfahrens – 1 – 141
Abbildung 95 - Gliederungsschema des Gesamt`kosten´verfahrens – 2 – 142
Abbildung 96 - Gliederungsschema des Umsatz`kosten´verfahren 144

1 Einführung in die Betriebswirtschaftslehre

Siehe Betriebs-Wirtschaft-Lehre – eine Einführung in hierarchischen Modulen – Band 1.

2 Betrieb als Erkenntnisobjekt der Betriebswirtschaftslehre

Siehe Betriebs-Wirtschaft-Lehre – eine Einführung in hierarchischen Modulen – Band 2.

3 Konstitutionaler Rahmen von Betrieben

Siehe Betriebs-Wirtschaft-Lehre – eine Einführung in hierarchischen Modulen – Band 3.

4 Konstitutionaler Rahmen: privatrechtliche Rechtsformen von Betrieben

Siehe Betriebs-Wirtschaft-Lehre – eine Einführung in hierarchischen Modulen – Band 4.

5 Konstitutionaler Rahmen: Unternehmenswendepunkte

Siehe Betriebs-Wirtschaft-Lehre – eine Einführung in hierarchischen Modulen – Band 5.

6 Institutionaler Rahmen von Betrieben

Siehe Betriebs-Wirtschaft-Lehre – eine Einführung in hierarchischen Modulen – Band 6.

7 Instrumentaler Rahmen des Betriebes

7.1 Unternehmensrechnung – Betriebliches Rechnungswesen

Abbildung 69 - Unternehmensrechnung

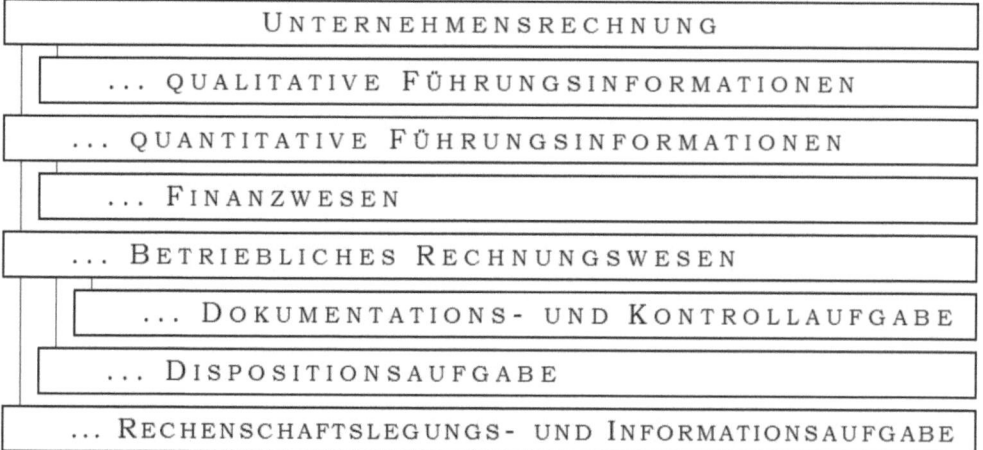

Im Hinblick auf die zielorientierte Führung von Betrieben müssen unterschiedliche Informationen beschafft, bearbeitet, bereitgestellt und ggf. gespeichert werden.

Die **Unternehmensrechnung** beinhaltet sämtliche Verfahren zur systematischen Erfassung und Auswertung aller quantitativen Vorgänge (Werte- und Mengenströme) im Unternehmen mit dem Ziel, den unternehmerischen Leistungsprozess transparent, steuerbar, rentabel und liquide zu gestalten.

Die **Aufgabe der Unternehmensrechnung** besteht darin, das wirtschaftliche Geschehen eines Betriebs in quantitativer Form als ein quantitatives Modell abzubilden. Für die Unternehmensrechnung werden Informationen beschafft, bearbeitet, bereitgestellt und gegebenenfalls gespeichert, die sich sowohl innerhalb des Betriebs als auch zwischen dem Betrieb und seiner Umwelt ergeben.

Es soll an dieser Stelle jedoch nicht unerwähnt bleiben, dass auch Informationen qualitativer oder nicht quantifizierbarer Form betriebliche Entscheidungen für die Unternehmensführung von Relevanz sein können. Diese Informationen werden jedoch in der Unternehmensrechnung lediglich zur Ergänzung der quantitativen Informationen gesehen.

Informationen werden nuanciert als

- QUALITATIVE FÜHRUNGSINFORMATIONEN UND
- QUANTITATIVE FÜHRUNGSINFORMATIONEN.

QUALITATIVE FÜHRUNGSINFORMATIONEN

Qualitative Informationen liegen in verbaler Dimension vor wie beispielsweise `gut´, `besser als´, `schlecht´, `schlechter als´. Derartige Informationen werden in der betriebswirtschaftlichen Entscheidungstheorie verwendet, um mit dem Instrument der Nutzwertanalyse[1] zu Entscheidungen zu gelangen. Sie sollen in den folgenden Ausführungen kein Schwerpunkt sein.

QUANTITATIVE FÜHRUNGSINFORMATIONEN

Quantitativen Informationen werden mengenmäßige Dimensionen zugeordnet. Handelt es sich um quantitative beziehungsweise quantifizierbare Informationen, so werden diese zur Versorgung des Unternehmens im Rahmen der Unternehmensrechnung benötigt. Besonders hervorzuheben ist, dass im Rahmen der Unternehmensführung diejenigen Informationen zur zielorientierten Planung und Kontrolle herangezogen werden, die einer Verarbeitung mit Hilfe des technischen Instrumentariums einer Elektronischen Datenverarbeitung zugänglich sind.

Die **Unternehmensrechnung** als quantitatives Modell des wirtschaftlichen Geschehens innerhalb eines Betriebs sowie zwischen dem Betrieb und seiner Umwelt ist zwar in Beziehung auf alle quantitativen (zahlenmäßigen) Informationen formal homogen, inhaltlich jedoch heterogen, das heißt nicht aggregierbar oder vergleichbar, da die Zahlengrößen in einer Vielzahl unterschiedli-

---

[1] Vgl. zu `Nutzwertanalyse´ Kapitel 4.1 in Band 4 dieser Reihe.

cher Dimensionen gemessen werden. Dadurch ist eine Vergleichbarkeit der in unterschiedlichen Dimensionen abgebildeten betrieblichen Prozesse nicht gegeben. Um eine Vergleichbarkeit sowie eine Komprimierungsmöglichkeit im Sinne einer Zusammenfassung von heterogenen Informationen zu gewährleisten, müssen unterschiedliche Dimensionen vereinheitlicht werden. Erst einheitlich dimensionalisierte Informationen erlauben es der Unternehmensführung, diese Informationen zweckmäßig für die Planung und Kontrolle zu verwenden.

So lassen sich als Subsysteme beziehungsweise Teilbereich der Unternehmensführung charakterisieren, das

- FINANZWESEN UND
- BETRIEBLICHE RECHNUNGSWESEN.

FINANZWESEN

Das Finanzwesen als Teilelement der Unternehmensrechnung ist ein quantitatives Modell mit seinen Ausprägungen der Investition und Finanzierung. Aufgrund der Bedeutung und Zukunftsbezogenheit der Finanzierung und Investition für einzelne betriebliche Funktionen wird im zweiten Band der Reihe eingegangen.

BETRIEBLICHE RECHNUNGSWESEN

Das **Betriebliche Rechnungswesen** als Teilelement (Subsystem) der Unternehmensrechnung ist ebenfalls ein quantitatives Modell des wirtschaftlichen Geschehens innerhalb des Betriebs sowie zwischen dem Betrieb und seiner Umwelt, es ist jedoch durch die konstante Homogenität seiner Informationen charakterisierbar. Derartige Informationen werden in einer einheitlichen Dimension, nämlich in **Geld** bewertet. Das Betriebliche Rechnungswesen ist ein Teilsystem der Unternehmensrechnung, das als ein monetäres Modell verstanden wird, und das wirtschaftliche Geschehen innerhalb des Betriebs sowie zwischen dem Betrieb und seiner Umwelt in Geldeinheiten darstellt. Bei dem Betrieblichen Rechnungswesen werden zur Ergänzung quantitativer Informationen qualitative beziehungsweise qualifizierbare Informationen herangezogen.

Das **Betriebliche Rechnungswesen** beinhaltet sämtliche Verfahren zur systematischen Erfassung und Auswertung aller monetären Vorgänge im Unternehmen mit der Aufgabe, den unternehmerischen Prozess transparent, steuerbar, rentabel und liquide zu gestalten. Da dem Teilbereich des Betrieblichen Rechnungswesens eine hervorgehobene Stellung im Betrieb zuerkannt wird, soll im Folgenden darauf besonders eingegangen werden.

Das Betriebliche Rechnungswesen ist gekennzeichnet durch unterschiedliche (Grundsatz-)Aufgaben hinsichtlich seiner

- DOKUMENTATIONS- UND KONTROLLAUFGABE,
- DISPOSITIONSAUFGABE UND
- RECHENSCHAFTSLEGUNG- UND INFORMATIONSAUFGABE.

DOKUMENTATIONS- UND KONTROLLAUFGABE

Die **Dokumentationsaufgabe** ist zu sehen in der Erfassung des tatsächlichen Betriebsgeschehens sowie Vergleich von Ist- mit Sollwerten. Diese sind Grundlage der **Kontrollaufgabe**, um durch die Erstellung von Abweichungs- und Ursachenanalysen dieser Aufgabe gerecht werden zu können. Dazu zählen beispielsweise die Ermittlung von Selbstkosten, die Erfolgsermittlung, die Ermittlung von Bestandsveränderungen (Zeitraum- und Zeitpunktbetrachtungen) sowie die Sammlung von Informationsmaterialien als prozessuales Beweismittel.

DISPOSITIONSAUFGABE

Zur **Dispositionsaufgabe** gehört die Auswertung der Ergebnisse als Entscheidungsgrundlage zur Steuerung der betrieblichen Vorgänge entsprechend der betrieblichen Leitmaxime (Zielsystem!)[2] sowie zur Selbstinformation der Unternehmensführung als Grundlage für unternehmensbedingte Entscheidungen wie beispielsweise Förderungswürdigkeit von Leistungen, Kalkulation des Angebotspreises sowie Wirtschaftlichkeitsvergleiche.

Rechenschaftslegung- und Informationsaufgabe

Die Rechenschaftslegung- und Informationsaufgaben des Betrieblichen Rechnungswesens bestehen in der Schaffung von Unterlagen, um Vermögen und Schulden, Ertrag und Aufwand und damit den Erfolg zu dokumentieren, beispielsweise für den Staat als Besteuerungsgrundlage für Finanzbehörden, als Rechenschaftslegung gegenüber Gesellschaftern, der Öffentlichkeit, sowie dem Schutz von Gläubigern.

---

[2] Vgl. zu `Zielsystem´ Kapitel 2.3.2 in Band 2 dieser Reihe.

7.2 Aufgaben und Formen des Rechnungswesens

Abbildung 70 - Aufgaben und Formen des Rechnungswesens

Die Realisierung der drei Grundsatzaufgaben des Betrieblichen Rechnungswesens erfordert eine entsprechende Strukturierung und Arbeitsweise des Rechnungswesens, um den grundlegenden Informationsbedürfnissen der unterschiedlichen Adressaten innerhalb und außerhalb des Unternehmens gerecht zu werden. Wird die Unterscheidung des Betrieblichen Rechnungswesens nach dem Adressaten vorgenommen, so kann differenziert werden zwischen

- EXTERN ORIENTIERTES RECHNUNGSWESEN UND
- INTERN ORIENTIERTES RECHNUNGSWESEN.

EXTERN ORIENTIERTES RECHNUNGSWESEN

Als **extern orientiertes Rechnungswesen** wird der Teil des Rechnungswesens verstanden, der Personen oder Interessengruppen Einblick in das Unternehmen geben soll, die zwar außerhalb des Unternehmens stehen, die aber als Kapitalgeber in Form von Gesellschaftern, Gläubigern oder Anteilseignern, als Lieferanten und als Staat (Steuergläubiger) an einer Substanzerhaltung und -erweiterung des Unternehmens interessiert sind.

Damit der oben genannte Personenkreis seine für ihn notwendigen Interessen wahrnehmen kann, hat der Gesetzgeber die Unternehmen gesetzlich verpflichtet, die offenzulegenden Informationen nach einheitlichen Gesichtspunkten zu erarbeiten und zu dokumentieren. Das extern orientierte Rechnungswesen hat als Aufgaben (gesetzlich vorgeschrieben oder freiwillig) zu erfüllen

- die Rechenschaftslegung und
- die Informationserstellung über die Vermögens- (beziehungsweise Investitions-) und Schulden- (beziehungsweise Finanzierungs-) sowie Aufwands- und Ertragslage des Unternehmens.

Die Hauptgebiete des extern orientierten betrieblichen Rechnungswesens betreffen die Rechenschaftslegung durch die Erstellung unterschiedlicher Informationsmaterialien. Nach dem **Kriterium der Rhythmizität** lassen sich diese unterscheiden in

- RHYTHMISCHE UNTERLAGEN UND
- ARHYTHMISCHE UNTERLAGEN.

RHYTHMISCHE UNTERLAGEN

Die **rhythmischen** beziehungsweise **periodischen Unterlagen** werden als Finanz- beziehungsweise Geschäftsbuchhaltung bezeichnet, die gekennzeichnet sind durch eine äquidistante Erstellung von Jahresabschlüssen mit unterschiedlichen Bestandteilen. Aufgrund der Wichtigkeit dieser Informationsmaterialien werden die einzelnen Teile der Geschäftsbuchhaltung gesondert besprochen. Als Bestandteile des Jahresabschlusses lassen sich nennen die Bilanz, die Gewinn- und Verlustrechnung, der Anhang und der Lagebericht.

ARHYTHMISCHE UNTERLAGEN

Arhythmische beziehungsweise **aperiodische Unterlagen** werden außerhalb der äquidistant zu erstellenden Bilanzen (sogenannte Sonderbilanzen) verfasst bei außerplanmässigen Geschäftstätigkeiten wie beispielsweise

- Gründungsbilanzen,
- Liquiditätsbilanzen,
- Vermögensbilanzen,
- Verschuldungsbilanzen,
- Fusionsbilanzen,
- Liquidationsbilanzen,
- Insolvenzbilanzen sowie
- Auseinandersetzungsbilanzen.

INTERN ORIENTIERTES RECHNUNGSWESEN

Als **intern orientiertes Rechnungswesen** wird der Teil des Rechnungswesens bezeichnet, der an jenen Personenkreis gerichtet ist, der sich für das Unternehmen, dessen Erhaltung und dessen Vermögensmehrung verantwortlich zeichnet. Diese Personen benötigen entscheidungsunterstützende Informationen, um im Rahmen ihrer Aufgaben zur (kurz-, mittel- und langfristigen) Existenzsicherung des Unternehmens beitragen zu können. Das intern orientierte Rechnungswesen ist als Leitungsunterstützungsinstrument so zu gestalten, dass es den unternehmensindividuellen Bedürfnissen des Unternehmens entspricht, und wird als **Betriebsbuchhaltung** beziehungsweise **Kosten- und Leistungsrechnung** bezeichnet. Diese ausschließlich betriebsintern nutzbaren Informationen sollten nur Entscheidungsträgern und ausgewählten Personen zugänglich sein.

Auf diesen Teil des Rechnungswesens wird detailliert in Band 8 – Unternehmensrechnung – Betriebsbuchhaltung - dieser Reihe eingegangen.

Das **Hauptaufgabengebiet des intern orientierten Betrieblichen Rechnungswesens** ist der Erstellung unterschiedlicher, ausschließlich für den unternehmensinternen Gebrauch relevanten Informationen gewidmet. Der Kosten- und Leistungsrechnung obliegen die Aufgaben,

- Informationen bereitzustellen für dispositive Zwecke der Unternehmensführung,
- die Kontrolle der Wirtschaftlichkeit vorzunehmen und
- die Rentabilität des Unternehmens bestimmen zu können.

Aufgaben der Betriebsbuchhaltung sind die Erfassung, Verteilung und Zurechnung der Werteverzehre und -zugänge eines definierten Betrachtungszeitraums, die aus dem betrieblichen Prozess resultieren. Als Instrumente kommen dabei in Betracht die

- KOSTENRECHNUNG,
- LEISTUNGSRECHNUNG,
- KURZFRISTIGE ERFOLGSRECHNUNG,

- Planungsrechnung,
- betriebswirtschaftliche Statistik und
- Sonderrechnungen des intern orientierten Rechnungswesens.

Kostenrechnung

Die **Aufgaben der Kostenrechnung**[3] sind in der Ermittlung der relevanten Kosten als Grundlage zur Unternehmenssteuerung, der Kalkulation der betrieblichen Leistungen und der Kontrolle der Wirtschaftlichkeit zu sehen. Die Kostenrechnung ist eine nach innen gerichtete Rechnung mit der Unterteilung in Kostenarten-, Kostenstellen- und Kostenträgerrechnung.

Da der Kostenrechnung eine zentrale Aufgabe im Rahmen eines Unternehmens zukommt, soll sie in einem eigenen Kapitel[4] besprochen werden.

Leistungsrechnung

Die **Aufgaben der Leistungsrechnung**[5] besteht in der Ermittlung und Bereitstellung relevanter Leistungsdaten für dispositive Zwecke wie die Ermittlung marktorientierter Erlöse und leistungsorientierter Unterlagen für Aktivitäten der Leistungsverwertung. Durch das Aufstellen von Sollleistungen ist die Durchführung einer Kontrolle der Ergiebigkeit möglich sowie eine Analyse von Abweichungen.

Kurzfristige Erfolgsrechnung

Aufgabe der **Kurzfristigen Erfolgsrechnung** beziehungsweise **kurzfristigen Betriebsergebnisrechnung** ist die laufende Erfolgskontrolle, durch die Auf-

---

[3] Vgl. zu `Kostenrechnung´ Kapitel 9.1 in Band 8 dieser Reihe.
[4] Vgl. zu weiteren Aspekten der Kostenrechnung Kapitel 9.4 in Band 8 dieser Reihe.
[5] Vgl. zu `Leistungsrechnung´ Kapitel 9.1 in Band 8 dieser Reihe.

schlüsselung nach Kosten- und Leistungsquellen (Erfolgsanalyse) sowie einer Gewinnermittlung.

Planungsrechnung

Die Aufgaben der **Planungsrechnung** liegen in der Erstellung von visionären, unternehmenspolitischen oder strategischen Vorgabewerten für zukünftige Entwicklungen und in der Vorbereitung unternehmerischer Entscheidungen für alle betrieblichen Bereiche, beispielsweise Entscheidungen über Eigen- oder Fremdbezug, Ersatzzeitpunkte von maschinellen Anlagen, optimale Bestellmengen, kostenminimale Maschinenbelegung.

Als Instrumente mit planerischen Aspekten dienen die Kostenrechnung, die Investitionsrechnung, die Finanzierungsrechnung und die Methoden des Operations Research, beispielsweise Netzplantechnik, Warteschlangentheorie oder mathematische Programmierung.

Betriebswirtschaftliche Statistik

Aufgabe der betriebswirtschaftlichen Statistik ist eine Verknüpfung von internen Informationen mit externen Informationen, um das betriebliche Geschehen permanent transparent zu gestalten und kontrollieren zu können. Dazu zählen beispielsweise die Aufstellung von Umsatz-, Kosten-, Unfall-, Ausschussquoten- und Krankheitsstatistiken sowie Ermittlung von Kennziffern.

Sonderrechnungen des intern orientierten Rechnungswesens

Diese Sonderrechnungen, die neben den Hauptgebieten des internen Rechnungswesens geführt werden und dabei in unterschiedlichen Funktionsbereichen des Unternehmens erstellt werden, liefern Basisdaten für weitere interne Rechnungen. Zu nennen sind in diesem Zusammenhang die

- Kontokorrentrechnung,
- Materialrechnung,
- Lohn- und Gehalts(ab)rechnung und

- ANLAGEN(AB-)RECHNUNG.

KONTOKORRENTRECHNUNG

Schulden und Forderungen gegenüber Geschäftspartnern von ihrer Entstehung bis zu ihrer Begleichung sind in dieser Rechnung verzeichnet. Neben einer kontinuierlichen Verfolgung von zu erwartenden Zahlungseingängen obliegt es der **Kontokorrentrechnung**, Daten für die Aufstellung bestimmter betrieblicher Vorgänge zu liefern.

MATERIALRECHNUNG

Die **Material(ab)rechnung** (Lagerbuchhaltung) erfasst die Bestände und verbucht Zu- und Abgänge an unterschiedlichen Werkstoffen. Sie schafft sowohl Daten zur wertmäßigen Bestandsermittlung für Vorräte als auch für die Kalkulation von Angebotspreisen.

LOHN- UND GEHALTS(AB)RECHNUNG

Die **Lohn- und Gehalts(ab)rechnung** befasst sich mit der Berechnung des Personalaufwands sowie der Berechnung der auszuzahlenden Beträge. Gleichzeitig ermittelt sie Aufwandsdaten für die Gewinn- und Verlustrechnung und stellt personalbezogene Größen für die Kalkulation von Arbeitsleistungen zur Verfügung.

ANLAGEN(AB-)RECHNUNG

Aufgaben der **Anlagen(ab)rechnung** [Betriebsmittel(ab)rechnung] sind die Erfassung des Betriebsmittelbestands, die Verbuchung von Zu- und Abgängen sowie deren Werteverluste (**Abschreibungen**). Sie ermittelt das gesamte im Unternehmen vorhandene Sachanlagevermögen in Form der Grundstücke, technischen Anlagen und Maschinen als auch weiterer Anlagen, sowie die Betriebs- und Geschäftsausstattung. Diese Informationen werden im Jahresabschluss in der Regel als Anlagenspiegel dargestellt.

7.3 Grundbegriffe des Rechnungswesens

Zur Bezeichnung der im Betrieblichen Rechnungswesen abgebildeten geldlichen und güterlichen Vorgänge haben sich in der Betriebswirtschaftslehre bestimmte Begriffe herausgebildet.

Bezüglich der geldlichen Prozesse sind begrifflich vier Ebenen terminologisch voneinander abzugrenzen. Diese Abgrenzung wirkt späteren begrifflichen Missverständnissen entgegen und erleichtert die Beschaffung entsprechender Informationen für die unterschiedlichen Aufgaben der Unternehmensführung.

Zu jeder der vier Ebenen existiert ein Begriffspaar. Bei jedem dieser Begriffspaare handelt es sich um im Zeitablauf betrachtete Größen, sogenannte **Bewegungsgrößen**, die die geldlichen und güterlichen Prozesse in monetärer Form widerspiegeln.

Abbildung 71 - Geldliche Ebenen im Unternehmen differenziert nach Bewegungs- und Bestandsgrößen

Bewegungsgrößen	Bestandsgrößen
Betrachtungsebene: I. Liquiditätsebene	
Auszahlung - Einzahlung	Kasse
Betrachtungsebene: II. Geldvermögensebene	
Ausgabe - Einnahme	Geldvermögen
Betrachtungsebene: III. Finanzbuchhaltungsebene	
Aufwand - Ertrag	Gesamtvermögen
Betrachtungsebene: IV. Kosten- und Leistungsrechnungsebene	
Kosten - Leistung	betriebsnotwendiges Vermögen

In der Abbildung sind den vier bewegungsgrößenorientierten Begriffspaaren weitere Begriffe zugeordnet. Sie sind zu einem Zeitpunkt betrachtete Größen, sogenannte **Bestandsgrößen** und stellen die Ausprägung eines bestimmten Phänomens zu einer festgelegten Zeit an einem Stichtag dar. Die Begriffspaare lassen sich unterschiedlichen Betrachtungsebenen zuordnen

- die Informationen der I. und II. Ebene werden für Liquiditätsaktivitäten (**Liquiditätsebene**) sowie Investitions-und Finanzaktivitäten (**Geldvermögensebene**) benötigt;
- die Informationen der III. Ebene (**Finanzbuchhaltungsebene**) finden Einlass in die Finanzbuchhaltung einschließlich der Bilanz und Gewinn- und Verlustrechnung;
- die Informationen der IV. Ebene (**Kosten- und Leistungsrechnungsebene**) werden ausschließlich für das intern orientierte Rechnungswesen der Kosten- und Leistungsrechnung und der Kurzfristigen Erfolgsrechnung ermittelt.

Die Bewegungsgrößen werden wie folgt definiert

- **Auszahlung/ Einzahlung**: Verminderung/ Vermehrung liquider Mittel (Bargeld und Sichtguthaben) innerhalb eines Betrachtungszeitraums;
- **Ausgabe/ Einnahme**: Wert aller dem Unternehmen zugegangenen/ vom Unternehmen verwerteten Güter in Form von Sach- und/ oder Dienstleistungen innerhalb eines Betrachtungszeitraums (Beschaffungswert/ Umsatz);
- **Aufwand/ Ertrag**: (pagatorischer[6]) Wert aller verbrauchten/ erbrachten Güter in Form von Sach- und/ oder Dienstleistungen, der aufgrund gesetzlicher Bestimmungen und bewertungsrechtlicher Vorschriften in der Finanzbuchhaltung innerhalb eines Betrachtungszeitraums verrechnet wird;

---

[6] pagatorisch: zahlungsbezogener Ansatz, der die Jahresabschlussvorschriften berücksichtigt.

- **Kosten/ Leistung**: (kalkulatorischer[7]) Wert aller verbrauchten/ entstandenen Güter in Form von Sach- und/ oder Dienstleistungen, die im Zusammenhang mit der betriebstypischen Leistungsbeschaffung, -erstellung und -verwertung innerhalb eines Betrachtungszeitraums stehen.

Mit den Bewegungsgrößen korrespondieren folgende Bestandsgrößen, die alle auf einen Betrachtungszeitpunkt bezogen sind:
- **Kasse**: Vorrat an liquiden Mitteln (Bargeld und Sichtguthaben);
- **Geldvermögen**: Kasse zuzüglich Forderungen abzüglich Verbindlichkeiten;
- **Gesamtvermögen**: Geldvermögen zuzüglich Sachvermögen wie es in der Bilanz aufgrund gesetzlicher Bestimmungen und bewertungsrechtlicher Vorschriften anzusetzen ist;
- **betriebsnotwendiges Vermögen**: kostenrechnerisch bewertetes Gesamtvermögen abzüglich des nicht betriebsnotwendigen Vermögens.

Der Zusammenhang zwischen den Bestandsgrößen und den Bewegungsgrössen wird dadurch deutlich, dass die ˋnegativen´ Bewegungsgrößen (Auszahlung, Ausgabe, Aufwand, Kosten) zu einer Verminderung, die ˋpositiven´ Bewegungsgrößen (Einzahlung, Einnahme, Ertrag, Leistung) zu einer Erhöhung der zugehörigen Bestandsgröße führen. Die Differenz zwischen der ˋpositiven´ und der ˋnegativen´ Bewegungsgröße in einem Betrachtungszeitraum gibt die Veränderung des jeweiligen Bestands an. Werden diese Differenzwerte sowohl zu Beginn als auch am Ende des betreffenden Betrachtungszeitraums ermittelt, so ergibt sich die Veränderung (Erhöhung oder Verminderung) des Bestands. Diese Saldogröße wird **Erfolg** genannt.

---

[7] kalkulatorisch: wertmäßiger Ansatz, der so gewählt wird, wie er im Hinblick auf eine managementorientierte Kosten- und Leistungsrechnung für unternehmerische Entscheidungen zweckmäßig erscheint.

8 Unternehmensrechnung: Finanzbuchhaltung

8.1 Begriff, Aufgaben und Gliederungsphasen der Finanzbuchhaltung

Abbildung 72 - Geschäftsbuchhaltung

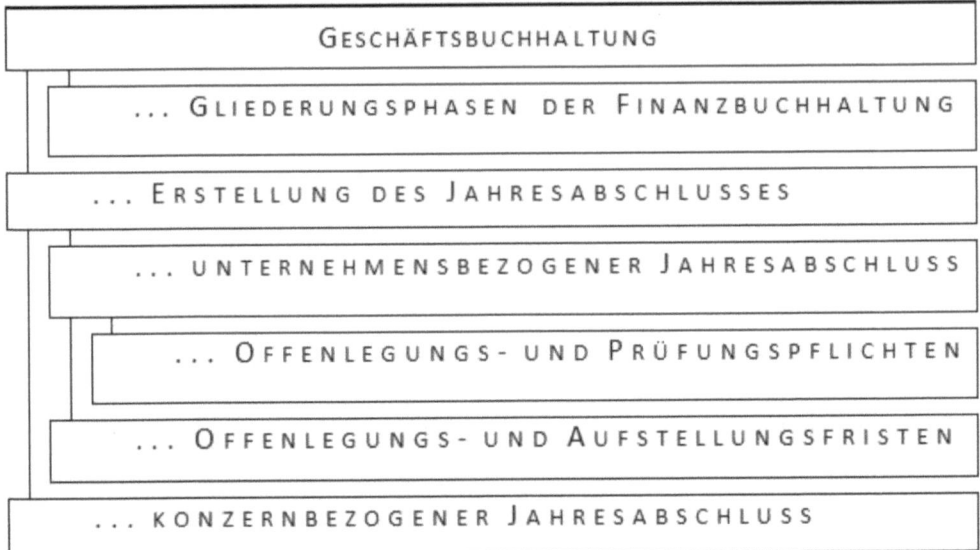

Die **Finanzbuchhaltung** beziehungsweise **Geschäftsbuchhaltung** ist die systematische und chronologische Erfassung aller monetären unternehmensbezogenen Vorgänge (**Geschäftsvorfälle**) innerhalb eines definierten Betrachtungszeitraums, die zu einer Veränderung der Vermögens- und Kapital Struktur im Unternehmen führen, sowie deren Dokumentation und des daraus resultierenden Erfolgs.

Als **Geschäftsvorfälle** werden alle unternehmensbezogenen Tätigkeiten bezeichnet, die innerhalb eines Unternehmens

- Veränderungen von Vermögen und Schulden bewirken,
- zu **Einnahmen (Forderungen)** und **Ausgaben (Schulden)** führen sowie
- Werteverzehre (**Aufwendungen**) und Wertezuwächse (**Erträge**) darstellen.

Die **primäre Aufgabe der Finanzbuchhaltung** ist die externe Informationsbefriedigung durch die Erstellung des Jahresabschlusses. Um die Aufgaben der Finanzbuchhaltung erfüllen zu können, müssen rhythmisch, das heißt in der Regel jährlich in der Regelbestimmte Routinen durchlaufen werden. Daraus ergeben sich Gliederungsphasen des extern orientierten Rechnungswesens, die zur Erstellung des Jahresabschlusses führen. Im Folgenden wird eingegangen auf die

- GLIEDERUNGSPHASEN DER FINANZBUCHHALTUNG UND
- ERSTELLUNG DES JAHRESABSCHLUSSES.

GLIEDERUNGSPHASEN DER FINANZBUCHHALTUNG

Die unternehmensbezogenen Gliederungsphasen des extern orientierten Rechnungswesens werden durch folgende rhythmische Schritte charakterisiert

- die **Inventur** gem. §241 HGB,
- das **Inventar** gem. §240 HGB,
- die **Gewinn- und Verlustre**chnung gem. §242 HGB,
- die **Bilanz** gem. §242 HGB sowie

zusätzlich bei Kapitalgesellschaften

- der **Anhang** gem. §284 HGB und
- der **Lagebericht** gem. §289 HGB.

Erstellung des Jahresabschlusses

Jeder Kaufmann muss bei der Gründung und zum Ende eines jeden Geschäftsjahres einen **Jahresabschluss** aufstellen.

Aufgabe des Jahresabschlusses ist

- die betriebliche Vermögens- und Kapitalstruktur ersichtlich zu machen,
- das Verhältnis zwischen Vermögen und Kapital (Bilanz) zu ermitteln,
- den Jahreserfolg zu bestimmen (Gewinn- und Verlustrechnung) sowie
- die Bestimmungen zum Gläubigerschutz zu erfüllen.

Um die Aufgaben erfüllen zu können, besteht der **Jahresabschluss** je nach Betriebsgröße aus den Komponenten

- der **Bilanz**,
- der **Gewinn- und Verlustrechnung** und

je nach Größenordnung des Unternehmens,

- dem **Anhang** und eventuell
- dem **Lagebericht**.

Differenziert wird der Jahresabschluss in

- UNTERNEHMENSBEZOGENER JAHRESABSCHLUSS UND
- KONZERNBEZOGENER JAHRESABSCHLUSS.

Unternehmensbezogener Jahresabschluss

Ein auf ein **Unternehmen bezogener Jahresabschluss** unterliegt bezüglich seiner Komponenten unterschiedlichen Publizitätsfristen und -pflichten. Gestaltung, Prüfung und Offenlegung des Jahresabschlusses sind im Wesentlichen bestimmt durch die Rechtsform des Unternehmens sowie dessen Größenklasse. Aufgrund der Rechtsform sowie der Größenklasse bestehen für die Komponenten des Jahresabschlusses

- OFFENLEGUNGS- UND PRÜFUNGSPFLICHTEN SOWIE
- OFFENLEGUNGS- UND AUFSTELLUNGSFRISTEN.

Offenlegungs- und Prüfungspflichten

Abbildung 73 - Offenlegungs- und Prüfungspflichten des Jahresabschlusses

Bilanz	GuV	Anhang	Lagebericht

Einzel- und Personengesellschaft

Offenlegungspflicht

nur gegenüber Finanzamt		entfällt	entfällt

Sind gem. §1 Abs.1 PublG zwei der drei folgenden Merkmale an zwei unmittelbar aufeinanderfolgenden Bilanzstichtagen erfüllt, müssen alle Jahresabschlusskomponenten offengelegt werden:
- Bilanzsumme > 65 Mio. €
- Umsatzerlöse > 130 Mio. €
- Arbeitnehmer > 5.000

Prüfungspflicht

Einzel- und Personengesellschaften sind von der Prüfungspflicht befreit, soweit sie die durch §1 Abs.1 PublG gesetzten Grenzen nicht überschreiten.

kleine Kapitalgesellschaft

Offenlegungspflicht

Bundesanzeiger und Hinweis auf Handelsregister-veröffentlichungsnummer (§325 Abs. 1 i.V. m. §326 Satz 1 HGB)	entfällt (§326 HGB)	Bundesanzeiger und Hinweis auf Handelsregisterveröffent-lichungsnummer (§325 Abs. 1 i.V. m. §326 Satz 1 HGB)	entfällt (§326 HGB)

Prüfungspflicht

Kleine Kapitalgesellschaften sind nicht prüfungspflichtig, soweit sie die Grenzen des durch §1 Abs.1 PublG gesetzten Grenzen nicht überschreiten.

mittelgroße Kapitalgesellschaft

Offenlegungspflicht

Bundesanzeiger und Hinweis auf Handelsregisterveröffentlichungsnummer (§325 Abs. 1 i.V.m. §326 Satz 1 HGB)			
verkürzte Form (§327 HGB)	verkürzte Form (§276 i.V.m. §327 HGB)	verkürzte Form (§285 HGB)	verkürzte Form (§325 HGB)

Prüfungspflicht

Prüfungspflicht besteht gem. §316 HGB

große Kapitalgesellschaft

Offenlegungspflicht

Bundesanzeiger und Hinweis auf Handelsregisterveröffentlichungsnummer (§325 Abs. 1 i.V.m. §326 Satz 1 HGB)			
ungekürzte Form (§266 HGB)	ungekürzte Form (§276 HGB)	ungekürzte Form (§285 HGB)	ungekürzte Form (§325 HGB)

Prüfungspflicht

Prüfungspflicht besteht gem. §316 HGB

Die **Offenlegungspflichten** beschreiben den Zwang zur Publizierung von Unterlagen in Abhängigkeit von der (Kapital-)Gesellschaftsgröße.[8] Gegenüber dem Finanzamt sind alle Gesellschaften publizitätspflichtig. Börslich notierte Kapitalgesellschaften werden grundsätzlich als große Gesellschaften angesehen.

Gleichermaßen in Abhängigkeit von der Größe der Kapitalgesellschaft sind die zu publizierenden beziehungsweise aufzustellenden Unterlagen von neutraler Seite (Wirtschaftsprüfer, vereidigte Buchprüfer) zu prüfen (**Prüfungspflichten**).

Offenlegungs- und Aufstellungsfristen

Die Aufstellungsfristen von Bilanz, Gewinn- und Verlustrechnung, Anhang und Lagebericht sind gesetzlich geregelt (§264 Abs. 1 HGB). Die Offenlegungsfristen beschreiben die spätest zulässigen Einreichungstermine beim zuständigen Handelsregister des Sitzes der Gesellschaft (§325 Abs. 1 HGB).

---

[8] Vgl. zu `Betriebsgröße´ Kapitel 6.1 in Band 6 dieser Reihe.

Abbildung 74 - Offenlegungs- und Aufstellungsfristen (von Teilen) des Jahresabschlusses

Bilanz	GuV	Anhang	Lagebericht
Einzel- und Personengesellschaften			
Umfang der Unterlagen			
Kleinformat unter Beachtung der GoB (§242 Abs. 1 und 2 HGB)		Entfällt	entfällt
Aufstellungsfrist			
innerhalb der einem ordnungsmäßigen Geschäftsgang entsprechenden Zeit (innerhalb eines Jahres)		Entfällt	entfällt
Offenlegungsfrist			
Entfällt			
kleine Kapitalgesellschaft			
Umfang der Unterlagen			
verkürzte Form (§266 HGB)	Rohergebnis und Gewinn (§276 HGB)	verkürzte Form ohne GuV-Erläuterungen (§285 HGB)	entfällt
Aufstellungsfrist			
6 Monate			entfällt
Offenlegungsfrist			
12 Monate	entfällt	12 Monate	entfällt
mittelgroße Kapitalgesellschaft			
Umfang der Unterlagen			
erweitertes Kleinformat	Gewinn und Rohergebnis	mit Erläuterung	entfällt
Aufstellungsfrist			
3 Monate			
Offenlegungsfrist			
9 Monate			
große Kapitalgesellschaft			
Umfang der Unterlagen			
Vollformat			
Aufstellungsfrist			
3 Monate			
Offenlegungsfrist			
9 Monate			

KONZERNBEZOGENER JAHRESABSCHLUSS

Ist das extern orientierte Rechnungswesen nicht nur auf einen Betrieb bezogen, sondern auf einen Unternehmenszusammenschluss mit einer einheitlichen wirtschaftlichen Leitung, bei rechtlicher Selbständigkeit der beim **Konzern** beteiligten Mitglieder, so muss neben dem unternehmensindividuell bezogenen Jahresabschluss in Form einer Bilanz, Gewinn- und Verlustrechnung, Anhang und Lagebericht ein auf den Konzern bezogener Jahresabschluss erfolgen, der sich sowohl auf auslandsspezifische Kriterien auszurichten hat, als auch auf inlandsspezifische.

Der **Konzernabschluss** besteht aus bestimmten rhythmisch zu erstellenden und konsolidierten Komponenten der Konzern-Bilanz, der Konzern-GuV, dem Konzern-Anhang und dem Konzern-Lagebericht. Darüber hinaus muss die Konzernmutter den Konzernanhang um eine Kapitalflussrechnung[9] und eine Segmentberichterstattung erweitern.

Der Konzernabschluss hat die Vermögens-, Finanz- und Ertragslage der einbezogenen Unternehmen so darzustellen, als ob diese Unternehmen insgesamt ein einziges Unternehmen wären (§297 Abs. 3 Satz 1 HGB).

---

[9] Vgl. zu `Kapitalflussrechnung´ Kapitel 10.2.2 in: Clausius, Eike: Betriebswirtschaftslehre II.

8.2 Buchführungssysteme und -instrumente

Als System wurde eine Menge von Elementen beschrieben, die miteinander in Beziehung stehen. Ein **Buchführungssystem** wird durch die Menge an unterschiedlichen kaufmännischen Büchern, beziehungsweise anderen Aufzeichnungs- und Speichermedien verstanden, die durch einen gegenseitigen Datenaustausch miteinander in Beziehung stehen.

`Kaufmännische Bücher´ sind alle üblichen Formen der Buchführung, die den Grundsätzen ordnungsmäßiger Buchführung (GoB) entsprechen. Bis zu den 50er und 60er Jahren waren dies gebundene Bücher mit Klarschrifteintragungen, heute sind es beispielsweise lose Blätter, Karteien, Magnetbänder, -platten oder Disketten. Der Begriff `Bücher´ wird heute für alle üblichen Formen der Buchführung verwendet und subsummiert gleichzeitig sämtliche kaufmännischen Datenspeicher- und -aufzeichnungselemente.

Handels- und steuerrechtlich ist kein bestimmtes Buchführungssystem vorgeschrieben, es muss jedoch eine ordnungsgemäße Erfassung aller Geschäftsvorfälle sowie des gesamten Vermögens und der Schulden gewährleisten.

Im Bereich der kaufmännischen Buchführung existiert die Einnahmen-Überschussrechnung. In einer Einnahmen-Überschussrechnung zeichnet ein Steuerpflichtiger lediglich seine betrieblichen Einnahmen und Ausgaben auf. Dies ist keine Buchführung, auch nicht im Sinne einer einfachen Buchführung, da zu einer Buchführung auch unter andere unbare Geschäftsvorfälle aufgezeichnet werden beispielsweise Forderungen und Verbindlichkeiten.

Von einer **Buchführung** wird gesprochen, wenn folgende Mindestanforderungen gegeben sind

- zeitlich fortlaufende Erfassung sämtlicher Geschäftsvorfälle in Grundbüchern beziehungsweise im Kassen- und Tagebuch,
- Führung eines Kontokorrentbuchs und
- rhythmische (meist jährliche) Abschlüsse mit Bestandsaufnahme.

Zu unterscheiden sind zwei Formen von Buchführungssystemen, die

- EINFACHE BUCHFÜHRUNG UND
- DOPPELTE BUCHFÜHRUNG.

EINFACHE BUCHFÜHRUNG

Die **einfache Buchführung** ist charakterisiert durch

- eine ausschließlich zeitliche Ordnung von Geschäftsvorfällen im Kassen- oder Tagebuch,
- eine Buchung der Geschäftsvorfälle lediglich in einem Buch in der Aufwand- oder Ertragsseite (im Soll oder Haben),
- eine separate Betrachtung von Bestandskonten,
- eine Erfolgsermittlung durch bloßen betrieblichen Vermögensvergleich.

Hauptbücher mit Sachkonten sind bei der einfachen Buchführung nicht existent. Als weitere Instrumente der einfachen Buchführung sind zu nennen das

- INVENTAR- UND BILANZBUCH,
- KASSENBUCH,
- TAGEBUCH,
- KONTOKORRENTBUCH SOWIE DIE
- NEBEN- UND HILFSBÜCHER.

INVENTAR- UND BILANZBUCH

Im Inventar- und Bilanzbuch werden analog zur Doppelten Buchführung die jährlichen Inventare und Bilanzen verzeichnet.

KASSENBUCH

Aufzeichnungen *barer* Geschäftsvorfälle anhand von Belegen in zeitlicher Reihenfolge finden in einem Kassenbuch statt.

TAGEBUCH

Das Tagebuch ist eine Aufzeichnung *unbarer* Geschäftsvorfälle anhand von Belegen in zeitlicher Reihenfolge.

KONTOKORRENTBUCH

Im Kontokorrentbuch werden die Entstehung und Abwicklung von Forderungen und Verbindlichkeiten werden analog zur doppelten Buchführung aufgezeigt.

NEBEN- UND HILFSBÜCHER

Neben- und Hilfsbücher werden je nach Bedarf geführt.

Doppelte Buchführung

Bei der **Doppelten Buchführung** – auch bezeichnet als **Methode der Doppelten Buchführung** oder **Doppik der Buchführung** – wird jeder Geschäftsvorfall zweimal registriert: als Buchung und Gegenbuchung. Charakterisiert ist die Doppelte Buchführung durch

- eine zeitliche (im Grundbuch) und eine sachliche (im Hauptbuch) Ordnung von Geschäftsvorfällen,
- eine Fixierung (Buchung) sämtlicher Geschäftsvorfälle auf Hauptkonten einmal im Soll und einmal im Haben,
- eine Trennung von Bestands- und Erfolgskonten,
- eine Erfolgsermittlung sowohl durch betrieblichen Vermögensvergleich als auch durch Aufwands- und Ertragsgegenüberstellung in der Gewinn- und Verlustrechnung.

Als Instrumente der Doppelten Buchführung sind zu nennen das

- Inventar- und Bilanzbuch,
- Grundbuch,
- Hauptbuch sowie die
- Neben- und Hilfsbücher.

Inventar- und Bilanzbuch

Das **Inventar- und Bilanzbuch** zeichnet die jährlichen Inventare und Bilanzen auf.

Grundbuch

Das **Grundbuch (Journal)** zeichnet sämtliche Geschäftsvorfälle in zeitlicher Reihenfolge (chronologisch) und anhand von Belegen unter der Angabe von Datum, Beleg-Nummer, Bezeichnung des Vorgangs, Betrag, gegebenenfalls Konto und Gegenkonto auf.

Hauptbuch

Im **Hauptbuch** werden sämtliche Geschäftsvorfälle sachlich gegliedert auf sogenannten Sachkonten (Bestands- und Erfolgskonten) gebucht.

Grundlage der Buchungen im Hauptbuch sind die chronologischen Eintragungen im Grundbuch. Aus den Sachkonten des Hauptbuchs werden die Schlussbilanz sowie die Gewinn- und Verlustrechnung entwickelt.

Neben- und Hilfsbücher

Aus praktischer Erwägung werden zum Grund- und Hauptbuch ergänzend **Neben- und Hilfsbücher** geführt, da auf den Sachkonten des Hauptbuches Einzelinformationen nicht ersichtlich sind.

Als Formen der Neben- und Hilfsbücher sind zu nennen

- Kontokorrentbuch,
- Lohn- und Gehaltsbuch,
- Anlagenbuch,
- Lagerbuch,
- Wertpapierbuch und
- Wertpapierbuch.

Kontokorrentbuch

Anhand des Sachkontos im Hauptbuch kann lediglich der Gesamtbestand an Forderungen ermittelt werden, nicht jedoch die Forderungsfeststellung gegenüber einzelnen Kunden. Die Entstehung und Abwicklung von Leistungsforderungen und Leistungsverbindlichkeiten werden in einem Nebenbuch, dem **Kontokorrentbuch** festgehalten, bei dem

- die Kundenkonten in Form der **Debitorenbuchhaltung** und
- die Lieferantenkonten als **Kreditorenbuchhaltung** durchgeführt werden.

Lohn- und Gehaltsbuch

Aufgrund der umfangreichen lohn- und gehaltsmäßigen notwendigen Berechnungen, werden diese in einem separaten Buch vorgenommen: dem **Lohn- und Gehaltsbuch**. In diesem werden neben den Grundlöhnen sämtliche weiteren, diese erhöhenden Beträge erfasst.

Anlagenbuch

Das **Anlagenbuch** oder -verzeichnis ist eine Tabelle oder Kartei, anhand der sämtliche buchmäßigen Entwicklungen einzelner Güter im Anlagevermögen entnommen werden können. Im Anlagenbuch werden die Anlagegüter der Regel in der Regel kontenweise zusammengestellt und bei der Erstellung des Jahresabschlusses zu Ermittlung des Vermögens herangezogen.

Als Güter im Anlagenbuch(-verzeichnis) findet sich die genaue Bezeichnung des Gegenstands, sein Bilanzwert am Bilanzstichtag, der Tag der Anschaffung beziehungsweise Herstellung, der Tag des Abgangs wie beispielsweise der Verkauf oder die Verschrottung, die Anschaffungs- und Herstellungs`kosten´, die **betriebsübliche Nutzungsdauer**, die Art der **Abschreibung für Abnutzung (AfA)**, der entsprechende **Abschreibungssatz** und der daraus resultierende **jährliche Abschreibungsbetrag** (Jahres-AfA) beziehungsweise die Abschreibung des Wirtschaftsjahres.

Lagerbuch

Im **Lagerbuch** werden sämtliche, die unterschiedlichen Läger betreffenden mengen- und wertmäßigen Aufschreibungen aufgezeichnet.

Wertpapierbuch

Die im Unternehmen vorhandenen Wertpapiere werden in einem gesonderten **Wertpapierbuch** geführt.

Wechselbuch

Das **Wechselbuch** liefert eine Aufstellung sämtlicher im Unternehmen vorhandenen Wechsel. Ein **Wechsel** ist ein übertragbares (Wert-)Papier, das eine bestimmte namentlich bezeichnete natürliche oder juristische Person als berechtigt benennt, eine auf der Urkunde genannte Geldsumme zu zahlen, oder aber durch schriftliche Abtretungserklärung auf dem Papier und Übergabe des Papiers an eine andere Person zu zahlen.

8.3 Gesetzliche Grundlagen der Finanzbuchhaltung

Die gesetzlichen Regularien setzen Kaufleuten enge Grenzen im Hinblick auf die

- BUCHFÜHRUNGSPFLICHT,
- GRUNDSÄTZE ORDNUNGSMÄßIGER BUCHFÜHRUNG (GOB),
- AUFBEWAHRUNGSPFLICHT DER BUCHFÜHRUNGSUNTERLAGEN UND
- AHNDUNG VON VERSTÖßEN GEGEN DIE BUCHFÜHRUNGSPFLICHT.

BUCHFÜHRUNGSPFLICHT

Die formellen und inhaltlichen Gestaltungsmöglichkeiten der (Geschäfts-) Buchführung sind gesetzlich geregelt. **Buchführungsvorschriften** sind sowohl enthalten als

- HANDELSRECHTLICHE BUCHFÜHRUNGSPFLICHT UND ALS
- STEUERRECHTLICHE BUCHFÜHRUNGSPFLICHT.

HANDELSRECHTLICHE BUCHFÜHRUNGSPFLICHT

Jeder **Kaufmann** ist verpflichtet, Bücher zu führen und in diesen seine Handelsgeschäfte und die Lage seines Vermögens nach den Grundsätzen ordnungsmäßiger Buchführung (GoB) ersichtlich zu machen (§238 Abs.1 HGB). Alle Kaufleute sind (gem. §238 HGB i.V.m. §33 GenG oder §41 GmbHG) buchführungspflichtig, jedoch wird Einzelkaufleuten diese Pflicht bei einem Umsatz von weniger als 500.000 € und einem Gewinn von weniger als 50.000 € erlassen. Auf die **Kaufmannseigenschaft** wurde in einem früheren Kapitel in dieser Reihe intensiv eingegangen.[10]

---

[10] Vgl. zu `Kaufmannseigenschaft´ Kapitel 3.3 ´Begriffe im Zusammenhang mit der Rechtsformwahl` in Band 3 dieser Reihe.

STEUERRECHTLICHE BUCHFÜHRUNGSPFLICHT

Die steuerrechtliche Buchführungspflicht wird differenziert in eine

- ABGELEITETE STEUERRECHTLICHE BUCHFÜHRUNGSPFLICHT UND
- ERWEITERTE STEUERRECHTLICHE BUCHFÜHRUNGSPFLICHT.

ABGELEITETE STEUERRECHTLICHE BUCHFÜHRUNGSPFLICHT

Nach dem Handelsrecht (§238 HGB) sind (Ist-)Kaufleute buchführungspflichtig. Daraus leitet sich die **steuerrechtliche Buchführungspflicht** ab. §140 AO besagt, wer nach anderen Gesetzen als den Steuergesetzen Bücher zu führen hat, hat die Verpflichtungen auch für die Besteuerung zu erfüllen. Dies bedeutet, dass alle Kaufleute buchführungspflichtig sind, da sie bereits nach anderen Gesetzen wie beispielsweise dem HGB Bücher zu führen haben.

Der zeitliche Beginn und das zeitliche Ende der steuerrechtlichen Buchführungspflicht sind je nach Kaufmannseigenschaft unterschiedlich:

Der zeitliche Beginn der abgeleiteten steuerrechtlichen Buchführungspflicht richtet sich nach den Gesetzen, aus denen die Buchführungspflicht abgeleitet ist; dies bedeutet, dass je nach Kaufmannseigenschaft unterschiedliche Zeitpunkte berücksichtigt werden:

- Der Kaufmann ist nach steuerrechtlichen Kriterien ab dem Zeitpunkt buchführungspflichtig, ab dem er verpflichtet ist, die Eintragung ins Handelsregister vorzunehmen.
- Der Kann- und Formkaufmann ist ab dem Zeitpunkt seiner Eintragung ins Handelsregister im steuerrechtlichen Sinne buchführungspflichtig.
- Der Kaufmann ist ab dem Zeitpunkt steuerrechtlich buchführungspflichtig, ab dem er sein Handelsgewerbe betreibt. (§283 HGB)

Zu dem Zeitpunkt, an dem der Steuerpflichtige seine Eigenschaft als Kaufmann verliert, endet auch seine abgeleitete steuerrechtliche Buchführungspflicht.

Erweiterte steuerrechtliche Buchführungspflicht

Die **erweiterte steuerrechtliche Buchführungspflicht** ist durch §141 AO kodifiziert, der den steuerpflichtigen Personenkreis um gewerbliche Unternehmer und Land- und Forstwirte erweitert (gilt nicht für selbständig Tätige mit Einkünften im Sinne des §18 EStG).

Gewerbliche Unternehmer sowie **Land- und Forstwirte**, die eine der folgenden Umsatz-, Vermögens- oder Gewinngrenzen überschreiten, sind verpflichtet für diesen Betrieb Bücher zu führen, auch wenn sich eine Buchführungspflicht aus §140 AO nicht ergibt: (Stand 2016)

- Umsätze jährlich von mehr als 600.000 €,
- Gewinn jährlich von mehr als 60.000 €,
- Gewinn jährlich von mehr als 60.000 € (für Land- und Forstwirte),
- selbstbewirtschaftete land- und forstwirtschaftliche Fläche mit einem **Wirtschaftswert**[11] 25.000 €.

Der Beginn und das Ende der erweiterten steuerrechtlichen Buchführungspflicht nach §141 AO hängt von den betrachteten Wirtschaftsjahren ab.

Der zeitliche Beginn der erweiterten steuerrechtlichen Buchführungspflicht im Sinne des §141 AO beginnt vom Anfang des Wirtschaftsjahres, das auf die Bekanntgabe der Mitteilung erfolgt, durch die die Finanzbehörde auf den Beginn dieser Verpflichtung hinweist (§141 Abs. 2 Satz1 AO).

Die erweiterte steuerrechtliche Buchführungspflicht endet mit dem Ablauf des Wirtschaftsjahres, das auf das Wirtschaftsjahr folgt, in dem die Finanzbehörde feststellt, dass keine der oben genannten Kriterien (§141 Abs. 2 Satz2 AO) mehr vorliegen.

---

[11] Der **Wirtschaftswert** ist ein Begriff des Steuerrechts (§ 46 BewG) für den bei der Bewertung des land- und forstwirtschaftlichen Vermögens festzustellenden Wert des Wirtschaftsteils eines land- und forstwirtschaftlichen Betriebs.

Grundsätze ordnungsmäßiger Buchführung (GoB)

Abbildung 75 - Grundsätze ordnungsmäßiger Buchführung (GoB)

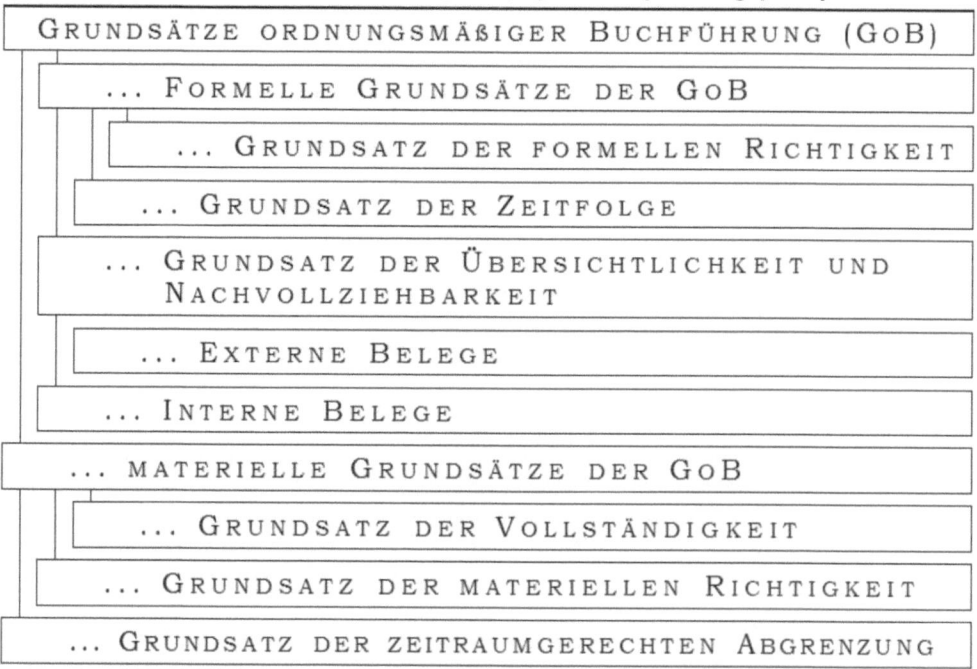

Um der Verpflichtung nachzukommen Bücher zu führen, sind Regeln erforderlich, die so allgemein wie möglich, jedoch gleichzeitig so speziell wie nötig sind. Diese Regeln werden unter dem Begriff **Grundsätze ordnungsmäßiger Buchführung (GoB)** sowohl im Handels- als auch im Steuerrecht zusammengefasst (§238 HGB)[12]; §§140, 141 AO.[13]

Eine **Ordnungsmäßigkeit der Buchführung** liegt vor, wenn sich ein sachverständiger Dritter – eine außerhalb des Unternehmens befindliche, jedoch

---

[12] §238 HGB verpflichtet jeden Kaufmann, in seinen Büchern seine Handelsgeschäfte und die Lage seines Vermögens nach den Grundsätzen ordnungsmäßiger Buchführung (GoB) ersichtlich zu machen.

[13] Die §§140,141 AO verpflichten auch steuerrechtlich zur Buchführung nach den GoB.

durch das Unternehmen autorisierte Person – zu jedem Zeitpunkt in angemessener Frist einen Einblick in die Vermögens-, Finanz- und Ertragslage eines Unternehmens verschaffen kann und die Buchführung den gesetzlichen Anforderungen entspricht (§§238, 239 HGB).

Aufgabe der Grundsätze ordnungsmäßiger Buchführung ist, Unternehmenseigner (Kapitalgeber) sowie Gläubiger des Unternehmens vor falschen Informationen und Verlusten zu schützen.

Die Grundsätze ordnungsmäßiger Buchführung sind von allen Kaufleuten und allen anderen nach Steuerrecht Buchführungspflichtigen (beispielsweise Handwerkern, Land- und Forstwirten) zu beachten; das heißt, sie sind ebenfalls der Besteuerung zugrunde zu legen, soweit nach den Umständen des Einzelfalls kein Anlass besteht, ihre sachliche Richtigkeit zu beanstanden (§150 AO).

Die Ordnungsmäßigkeit der Buchführung ist unabhängig vom verwendeten Buchführungssystem (einfache oder doppelte Buchführung) sowie von der Ausprägung der Buchführung durch manuelle oder maschinelle Vorgehensweise. Sie wird generell für sämtliche Systeme und Ausprägungen der Buchführung gefordert. Verstöße gegen die GoB werden geahndet.

Bei den Grundsätzen ordnungsmäßiger Buchführung (GoB) sind voneinander abzugrenzen

- FORMELLE GRUNDSÄTZE DER GOB UND
- MATERIELLE GRUNDSÄTZE DER GOB.

FORMELLE GRUNDSÄTZE DER GOB

Formelle Grundsätze betreffen die Form der Buchführung. Als formelle Grundsätze der Buchführung gelten der

- GRUNDSATZ DER FORMELLEN RICHTIGKEIT,
- GRUNDSATZ DER ZEITFOLGE UND
- GRUNDSATZ DER ÜBERSICHTLICHKEIT UND NACHVOLLZIEHBARKEIT.

Grundsatz der formellen Richtigkeit

Die Buchführung soll den gesetzlichen Formvorschriften genügen. Es dürfen keine Eintragungen (Buchungen) in Büchern verändert werden, so dass der ursprüngliche Inhalt nicht mehr nachvollziehbar ist. Radierungen, Rasuren, Überkleben, Übermalen der physischen Datenträger als auch das Löschen und Überschreiben auf magnetischen Datenträgern im Rahmen der EDV sind verboten.

Grundsatz der Zeitfolge

Sämtliche Eintragungen (Buchungen) sollen zeitgerecht und in zeitlich aufsteigender Reihenfolge vorgenommen werden. Geldvermögenseinnahmen und -ausgaben sind täglich aufzustellen (§146 Abs. 1 AO).

Grundsatz der Übersichtlichkeit und Nachvollziehbarkeit

Die Buchführung soll übersichtlich und nachvollziehbar sein, dass sie nicht nur der Unternehmensführung, sondern auch einem sachverständigen Dritten innerhalb angemessener Zeit einen Überblick über die Geschäftsvorfälle und über die Unternehmenslage gestattet (§238 Abs. 1 Satz 2 HGB). Die Geschäftsvorfälle müssen sich in ihrer Entstehung und Abwicklung nachvollziehen lassen (§238 Abs. 1 Satz 3 HGB). Für jede Buchung muss ein Beleg vorhanden sein. Es gilt der **Grundsatz**:

KEINE BUCHUNG OHNE BELEG!

Belege sind Papiere (Unterlagen der verschiedensten Art), aus denen die Einzelheiten jedes **Geschäftsvorfälle** zu ersehen sind. Dazu gehören

- Externe Belege und
- Interne Belege.

Externe Belege

Externe Belege sind sogenannte Urbelege, natürliche Belege von Dritten an das Unternehmen (beispielsweise Eingangsrechnungen, Quittungen, Frachtpapiere).

INTERNE BELEGE

Interne Belege sind Hilfsbelege beziehungsweise Eigenbelege, die selbst zu erstellen sind, wenn keine Urbelege vorhanden sind (beispielsweise Quittungen für Privatentnahmen, Materialentnahmescheine).

MATERIELLE GRUNDSÄTZE DER GOB

Die sachlichen Grundsätze betreffen den Buchführungsinhalt. Zu den **materiellen Grundsätzen** der Buchführung sind zu zählen (§146 Abs. 1 AO) der

- GRUNDSATZ DER VOLLSTÄNDIGKEIT,
- GRUNDSATZ DER MATERIELLEN RICHTIGKEIT UND
- GRUNDSATZ DER ZEITRAUMGERECHTEN ABGRENZUNG.

GRUNDSATZ DER VOLLSTÄNDIGKEIT

Sämtliche buchungspflichtigen Geschäftsvorfälle müssen lückenlos erfasst werden.

GRUNDSATZ DER MATERIELLEN RICHTIGKEIT

Die Geschäftsvorfälle sollen ihrem Sachverhalt folgend tatsächlich stattgefunden haben und entsprechend registriert (gebucht) werden.

GRUNDSATZ DER ZEITRAUMGERECHTEN ABGRENZUNG

Die buchungspflichtigen Geschäftsvorfälle sollen zu dem Betrachtungszeitraum Bezug haben, zu dem sie wirtschaftlich eingebucht werden können.

Aufbewahrungspflicht der Buchführungsunterlagen

Sowohl handelsrechtlich als auch steuerrechtlich müssen Buchführungsunterlagen aufbewahrt werden. Folgende Aufbewahrungspflichten sind zu unterscheiden

- Handelsrechtliche Aufbewahrungspflicht und
- Steuerrechtliche Buchführungspflicht.

Handelsrechtliche Aufbewahrungspflicht

Nach **Handelsrecht** sind lediglich (Ist-)Kaufleute verpflichtet, Handelsbücher, Inventare, Eröffnungsbilanzen, Jahresabschlüsse (Bilanz- und GuV-Rechnungen) und Lageberichte oder entsprechende Konzernunterlagen aufzubewahren. Darüber hinaus sind alle zum Verständnis dieser Unterlagen erforderlichen Arbeitsanweisungen und sonstige Organisationsunterlagen, empfangene Handelsbriefe, Wiedergaben der abgesandten Handelsbriefe sowie Buchungsbelege geordnet aufzubewahren (§257 Abs.1 HGB).

Für die genannten Unterlagen bestehen unterschiedliche **Aufbewahrungsfristen** von

- 10 Jahren beziehungsweise
- 6 Jahren.

Für Handelsbücher, Inventare, Bilanzen, GuV-Rechnungen sowie buchführungsrelevante Arbeitsanweisungen und Organisationsunterlagen gilt nach Handelsrecht (§257 Abs. 4 HGB) eine **zehnjährige Aufbewahrungspflicht**.

Für empfangene und Wiedergaben der abgesandten Handelsbriefe, sowie sämtliche relevanten Buchungsbelege gilt nach Handelsrecht eine **sechsjährige Aufbewahrungspflicht**.

Steuerrechtliche Aufbewahrungspflicht

Die **steuerrechtlichen Vorschriften** verpflichten alle Buchführungspflichtigen, (Ist-)Kaufleute zusätzlich zu den in §257 Abs.1 HGB aufgeführten Unterlagen noch sonstige Unterlagen aufzubewahren, soweit sie für die Besteuerung von Bedeutung sind (§147a Abs.1 AO).

Steuerrechtlich gelten für die gesamten Buchführungsunterlagen unterschiedliche **Aufbewahrungsfristen** von

- 10 Jahren beziehungsweise
- 6 Jahren.

Nach steuerrechtlichen Gesichtspunkten (§147 AO) gilt für Handelsbücher und Aufzeichnungen, Inventare, Jahresabschlüsse (Bilanz- und GuV-Rechnungen), Lageberichte, die Eröffnungsbilanzen sowie die zum Verständnis erforderlichen Arbeitsanweisungen und sonstige Organisationsunterlagen eine **zehnjährige Aufbewahrungspflicht**.

Eine **sechsjährige Aufbewahrungspflicht** gilt nach Steuerrecht für empfangene Handels- und Geschäftsbriefe, Wiedergaben der abgesandten Handels- und Geschäftsbriefe, Buchungsbelege sowie sonstige Unterlagen, soweit sie für die Besteuerung von Relevanz sind.

Für beide Zeiträume wird jedoch im Steuerrecht eine Ablaufhemmung beschrieben. Die Aufbewahrungsfrist von 10 beziehungsweise 6 Jahren läuft *nicht* ab (§ 147 Abs.3 Satz 2 AO), soweit und solange Unterlagen für Steuern von Bedeutung sind, für welche die Festsetzungsfrist des §169 Abs.2 Satz 1 AO noch nicht abgelaufen ist.

Ahndung von Verstößen gegen die Buchführungspflicht

Ein Verstoß gegen die Buchführungspflicht liegt in den Fällen vor, der

- VERPFLICHTETER FÜHRT KEINE BÜCHER ODER
- VERPFLICHTETER FÜHRT DIE BÜCHER MANGELHAFT.

Verpflichteter führt keine Bücher

Führt der zur Buchführung Verpflichtete keine Bücher, so kann dies mit einem **Zwangsgeld** von bis zu 25.000 € geahndet werden (§329 AO) und es wird eine Vollschätzung vorgenommen (§162 AO).

Liegt die Ordnungswidrigkeit einer **Steuergefährdung** vor, kann eine Geldbuße von 5.000 € auferlegt werden (§379 Abs. 4 AO).

Handelt es sich um eine **Steuerverkürzung**, so kann ein Bußgeld bis zu 50.000 € ausgesprochen werden (§378 Abs. 2 AO).

Liegt der Tatbestand der **Steuerhinterziehung** vor (§370 AO), drohen Geld- oder Freiheitsstrafen von bis zu fünf Jahren, in besonders schweren Fällen sogar bis zu 10 Jahren Freiheitsentzug.

Verpflichteter führt die Bücher mangelhaft

Führt der zur Buchführung Verpflichtete die Bücher mangelhaft, so kann unterschieden werden zwischen

- geringfügigen Mängeln und
- schweren Mängeln.

Liegen **geringfügig** formelle oder unwesentlich sachliche **Mängel** vor, so wird eine **Steuerberichtigung** durch **Zuschätzung** vorgenommen.

Liegen **schwere** und gewichtige formelle oder sachliche **Mängel** vor, so kann die Buchführung verworfen werden und eine **Vollschätzung** erfolgen.

Bei einer sich dadurch ergebenden

- **Steuergefährdung** kann ein Bußgeld in Höhe von bis zu 5.000 € erhoben werden,

- **Steuerverkürzungen** werden von bis zu 50.000 € geahndet und bei
- **Steuerhinterziehungen** erfolgt eine Geld- oder Freiheitsstrafe.

8.4 Inventur - Inventurverfahren - Inventar

Abbildung 76 - Inventur - Inventar

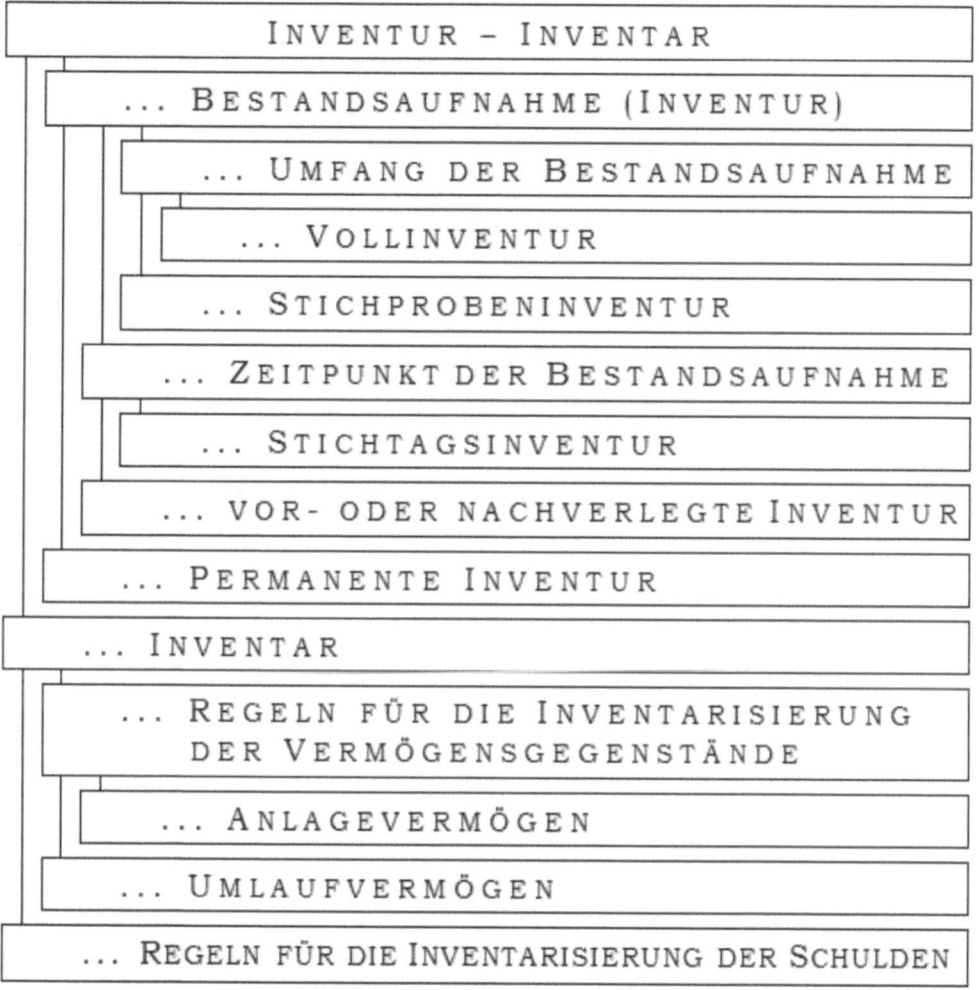

Die rhythmischen, unternehmensbezogenen Phasen des extern orientierten Rechnungswesens beginnen mit einer

- BESTANDSAUFNAHME (INVENTUR) UND
- INVENTAR.

Bestandsaufnahme (Inventur)

Der Begriff **Inventur** leitet sich aus dem lateinischen Wort `invenire´ (finden, vorfinden) ab, im Sinne von `Bestandsaufnahme´. Sie ist eine mengen- und wertmäßige Bestandsaufnahme sämtlicher Vermögensgegenstände und Schulden im Unternehmen, die innerhalb eines Geschäftsjahres vorgenommen werden muss. Bei allen körperlichen Gegenständen (Bargeld, Waren, Einrichtungsgegenständen) wird eine Inventur durch Zählen, Messen und Wiegen vorgenommen; bei allen unkörperlichen Vermögensteilen (Forderungen, Verbindlichkeiten) wird sie durch buchmäßige Bestandsaufnahme (Buchinventur) durchgeführt. Das Ergebnis der Inventur ist das Inventar.

Eine **Inventurpflicht** besteht handelsrechtlich (§240 HGB) für jeden (Voll-)-Kaufmann sowie nach steuerrechtlichen Gesichtspunkten entsprechend der §§140, 141 AO für einen darüber hinausgehenden, erweiterten Personenkreis.

Für die Inventur kommen unterschiedliche **Inventurformen** in Betracht. Eine erste Abstufung von möglichen Inventurarten wird vorgenommen nach dem

- Umfang der Bestandsaufnahme und
- Zeitpunkt der Bestandsaufnahme.

Umfang der Bestandsaufnahme

Je nach dem quantitativen Bezug der Bestandsaufnahme werden voneinander abgegrenzt die

- Vollinventur und
- Stichprobeninventur.

Vollinventur

Die **Vollinventur** ist der Regelfall der Inventur und beschreibt eine vollständige Aufnahme des physischen und wertmäßigen Bestands an einem bestimmten Stichtag. Dies ist oft mit einer vorübergehenden Betriebsschließung verbunden.

STICHPROBENINVENTUR

Bei der **Stichprobeninventur** wird der Bestand wird nach Art, Menge und Wert mit Hilfe mathematisch-statistischer Verfahren durch ziehen einer Stichprobe aus einer bestandsmäßigen Grundgesamtheit ermittelt (§241 Abs. 1 HGB). Diese Anzahl von Gütern wird körperlich gemessen, gewogen oder gezählt und bewertet. Anschließende Hochrechnungen erlauben, auf den bestandsmäßigen Grundgesamtbestand zu schließen.

ZEITPUNKT DER BESTANDSAUFNAHME

Bezüglich des Zeitpunkts der Bestandsaufnahme sind auseinander zu halten die

- STICHTAGSINVENTUR,
- VOR- ODER NACHVERLEGTE INVENTUR SOWIE DIE
- PERMANENTE INVENTUR.

STICHTAGSINVENTUR

Als **Stichtagsinventur** wird die körperliche Bestandsaufnahme zum Bilanzstichtag verstanden. Die Stichtagsinventur ist meist nicht an einem Tag durchführbar, sie darf aber innerhalb einer Frist von zehn Tagen vor oder nach dem Bilanzstichtag durchgeführt werden. Beständeänderungen müssen ordnungsmäßig berücksichtigt werden. Aufgrund des mit der Stichtagsinventur zusammenhängenden umfangreichen Arbeitsvolumen, verbunden mit einem erhöhten Personalaufwand – oft sind zur Inventur Betriebsschließungen oder zumindest Störungen des Betriebsablaufs verbunden – kann eine zeitlich verlegte Inventur zweckmäßiger sein als eine Stichtagsinventur.

VOR- ODER NACHVERLEGTE INVENTUR

Die **zeitlich verlegte Inventur** (§241 Abs. 3 Satz 1 HGB i.V.m. Abschnitt 30 Abs. 3 EStR) kann innerhalb von 3 Monaten vor und von 2 Monaten nach dem

Bilanzstichtag stattfinden, so dass eine körperliche Bestandsaufnahme zu einem Bilanzstichtag entfällt. Der Inventurtag entspricht somit nicht dem Bilanzstichtag. Die Inventurwerte (nicht Inventurmengen) müssen dann auf den Bilanzstichtag bei vorgelagerter Inventur fortgeschrieben beziehungsweise bei nachverlegter Inventur rückgerechnet werden.

PERMANENTE INVENTUR

Die **permanente Inventur** ist eine Kombination von körperlicher und buchmäßiger Bestandsaufnahme. Mindestens einmal im Jahr muss zu einem beliebigen Zeitpunkt eine physische Bestandsaufnahme der Vermögensgegenstände vorgenommen werden. Dieses Verfahren setzt eine exakte Lagerbuchführung mit fortlaufender, lückenloser Aufzeichnung der Zu- und Abgänge nach Art und Umfang voraus. Die mengenmäßigen Bestände werden zum Bilanzstichtag buchmäßig ermittelt. Zweckmäßig ist die Bestandsermittlung zu einem Zeitpunkt mit geringem tatsächlichem Bestand, da die körperliche Bestandsaufnahme zu verschiedenen, über das Wirtschaftsjahr verteilten Zeitpunkten durchgeführt werden kann.

Inventar

Die durch eine Inventur (§240 HGB) ermittelten Größen bezüglich des Vermögens sind quantitativer Art. Diese werden in einem Verzeichnis übersichtlich geordnet zusammengefasst, dem Inventar. Ein **Inventar** ist ein durch die Inventur ermitteltes Verzeichnis, das sämtliche, tatsächlich vorhandene Vermögensgegenstände und Schulden nach Art, Menge und Wert ausweist.

Alle Vermögensgegenstände und Schulden sind zu addieren. Der Differenzbetrag zwischen der Summe des Vermögens und der Summe der Schulden ist das Reinvermögen (= Eigenkapital).

Das Inventar besitzt eine dreiteilige Struktur:

> I. Vermögen
> II. Schulden (= Verbindlichkeiten)
> III. Reinvermögen (= Eigenkapital)

Aus dem Inventar lässt sich folgende Gleichung, die sogenannte **Bilanzgleichung** ableiten:

> Vermögen = Reinvermögen (Eigenkapital) + Schulden

beziehungsweise

> Vermögen ./. Schulden = Reinvermögen (Eigenkapital)

Um eine Vergleichbarkeit beziehungsweise Rechenbarkeit unterschiedlicher Vermögens- und Schuldenpositionen zu gewährleisten, müssen diese vergleichbar, das heißt rechenbar gemacht werden. Dies geschieht durch die Bewertung der durch die Inventur ermittelten Positionen in Geldeinheiten:

- bei Kassen-, Bank- und Postgirobeständen ist dies unproblematisch, da sie in €-Werten vorliegen;
- bei Grundstücken, Gebäuden, Maschinen hat eine Bewertung nach bestimmten Regeln zu erfolgen.

Für das Inventar gibt es keine Gliederungsvorschriften oder -regeln. Gliederungsgrundsätze beziehungsweise -vorschriften gibt es lediglich für die Bilanz. Da ein Inventar die Vorarbeit zur Erstellung einer Bilanz ist, haben sich zur Übernahme in die Bilanz für das inventarisierte Vermögen und die inventarisierten Schulden Regeln herausgebildet als

- REGELN FÜR DIE INVENTARISIERUNG DER VERMÖGENSGEGENSTÄNDE UND
- REGELN FÜR DIE INVENTARISIERUNG DER SCHULDEN.

REGELN FÜR DIE INVENTARISIERUNG DER VERMÖGENSGEGENSTÄNDE

Vermögensgegenstände, also Güter, die einzeln veräußerbar sind, das heißt selbständig verkehrsfähig sind, werden nach ihrer **Liquidierbarkeit** geordnet; wenig liquide Vermögensgegenstände wie beispielsweise Grundstücke stehen im Inventar zu oberst, gefolgt von den flüssigeren beziehungsweise geldnahen Bestandteilen wie beispielsweise Bankkonten und die Kasse. Eine erste grobe Gliederung des Vermögens lässt sich festlegen in das

- ANLAGEVERMÖGEN UND
- UMLAUFVERMÖGEN.

ANLAGEVERMÖGEN

Anlagevermögen sind Wirtschaftsgüter, die dem Unternehmen dauernd zur Verfügung stehen wie beispielsweise Grundstücke, Gebäude und Maschinen.

Im Falle von Grundstücken und Gebäuden ist zu nuancieren zwischen einer privatrechtlichen und bilanzrechtlichen Sichtweise:

- privatrechtlich stellen bebaute Grundstücke (Grund und Boden sowie Gebäude) eine Einheit dar,

- bilanzrechtlich liegen bei bebauten Grundstücken zwei Gegenstände vor:
- nicht abnutzbarer Grund und Boden (Grundstücke) sowie
- abnutzbare Gebäude (Bauten).

Umlaufvermögen

Umlaufvermögen sind Wirtschaftsgüter, die dem Unternehmen nur vorübergehend zur Verfügung stehen wie beispielsweise Waren, Forderungen aus Lieferungen und Leistungen sowie Bankguthaben und Kassenbestände.

Regeln für die Inventarisierung der Schulden

Die **Schulden** werden nach ihrer **Fristigkeit** geordnet; langfristige Schulden werden im Inventar zuerst und die kurzfristigen zuletzt aufgeführt. Durch eine Grobgliederung lassen sich diese einteilen in

- **Langfristige Schulden** sind Verbindlichkeiten beispielsweise gegenüber Kreditinstituten wie Banken und Sparkassen.
- **Kurzfristige Schulden** sind Verbindlichkeiten, die innerhalb von 90 Tagen fällig werden beispielsweise Verbindlichkeiten aus Lieferungen und Leistungen.

8.5 Bilanz

8.5.1 Entwicklung der Bilanz aus dem Inventar

Die **Bilanz** – aus dem italienischen `bilancia´ (Waage, Gleichgewicht) – ist die Gegenüberstellung des in Geld bewerteten Vermögens (Aktiva) und der Schulden (Passiva) eines Betriebs zu einem bestimmten Zeitpunkt.

Jeder **gewerbliche Unternehmer** muss nach §141 AO zu Beginn seines Handelsgewerbes und für den Schluss eines jeden Geschäftsjahres eine Bilanz auf der Grundlage eines aktuellen Inventars aufstellen (§242 Abs. 1 HGB).

Das **Inventar** zeigt alle Vermögensgegenstände und Schulden einzeln in chronologischer Abfolge in Staffelform auf. Am Ende des Inventars wird das Reinvermögen (= Eigenkapital) durch Differenzbildung ermittelt.

In der Bilanz werden die im Inventar verzeichneten Vermögensteile, das Vermögen des Unternehmens auf der linken und die Schulden des Unternehmens auf der rechten Seite gegenübergestellt. Durch Bestimmung der Differenzgröße wird das Eigenkapital (Reinvermögen) gebildet!

Abbildung 77 - Entwicklung der Bilanz aus dem Inventar

Inventar	
Vermögen ./. *Schulden (=Verbindlichkeiten)* = *Reinvermögen (=Eigenkapital)*	

Aktiva	Bilanz	Passiva
Vermögen		*Eigenkapital*
		Verbindlichkeiten (=Fremdkapital)

Aus den Schulden des Inventars werden die Verbindlichkeiten der Bilanz. Im Vergleich zum Eigenkapital werden Verbindlichkeiten auch als Fremdkapital bezeichnet.

Aus der Bilanz(-waage) lässt sich die **Bilanzgleichung** ableiten:

> Vermögen = Eigenkapital + Fremdkapital
> Eigenkapital = Vermögen ./. Fremdkapital

Die zwei Seiten der Bilanz sind die

- VERMÖGENSSEITE DER BILANZ UND
- KAPITALSEITE DER BILANZ.

VERMÖGENSSEITE DER BILANZ

Die Vermögensseite der Bilanz ist die linke Seite der Bilanz, auf der sämtliche sich im Eigentum des Unternehmens befindliche Teile aufgegliedert sind. Sie wird als **Aktivseite** bezeichnet. Die Aktivseite der Bilanz gibt Aufschluss über die **Mittelverwendung**. Sie beantwortet die Frage, wofür das im Unternehmen vorhandene Kapital verwendet worden ist. Die Aktivseite ist die **Kapitalverwendungsseite**.

KAPITALSEITE DER BILANZ

Die Kapitalseite der Bilanz ist die rechte Seite der Bilanz, auf der sämtliche ins Unternehmen geflossenen Mittel wiedergegeben sind. Sie wird als Passivseite bezeichnet. Die **Passivseite** der Bilanz gibt Aufschluss über die **Mittelherkunft**. Sie beantwortet die Frage, wer das im Unternehmen vorhandene Kapital aufgebracht hat. Die Passivseite ist die **Kapitalherkunftsseite**.

Abbildung 78 - Beispiel eines Inventars eines Unternehmens

INVENTAR
DER GETRÄNKEGROSSHANDLUNG GERHARD MÜLLER, ZWICKAU, ZUM 31.12.20YY

		Euro	Euro
I	**Vermögen**		
1.	**Anlagevermögen**		
1.1	Grundstücke und Bauten		
	bebaute Grundstücke	50.000	
	Geschäftsbauten	300.000	350.000
1.2	Betriebs- und Geschäftsaustattung		
	1 LKW	12.000	
	1 PKW	4.000	
	Sonstige Betriebs- und Geschäftsausstattung		
	Laut besonderem Verzeichnil	3.500	19.500
2.	**Umlaufvermögen**		
2.1	Vorräte		
	Waren		
	100 Kästen Pils zu je 15,00 €	1.500	
	50 Kästen Export zu je 10,00 €	500	
	20 Kästen Limonade zu je 10,00 €	200	2.200
2.2	Forderungen		
	Forderungen aus Lieferungen und Leistungen		
	laut besonderem Verzeichnis		3.200
2.3	Kassenbestand, Guthaben bei Kreditinstituten		
	Kassenbestand	500	
	Commerzbank Zwickau	8.000	8.500
	Summe des Vermögens		**383.400**
II	**Schulden**		
1.	**langfristige Schulden**		
1.1	Schulden gegenüber Kreditinstituten		
	Darlehn Sparkasse Zwickau		140.000
2.	**kurzfristige Schulden**		
1.1	Schulden aus Lieferungen und Leistungen		
	Mauritius Brauerei, Zwickau	3.000	
	Königsdecker Brunnen, Beireuth	2.000	5.000
	Summe der Schulden		**145.000**
III	**Ermittlung des Reinvermögens**		
	Summe des Vermögens		383.400
./.	Summe der Schulden		145.000
=	**Reinvermögen (Eigenkapital)**		**238.400**

Abbildung 79 - Beispiel der Entwicklung einer Bilanz aus einem Inventar

Aktiva			Bilanz zum 31.12.20yy Euro			Passiva Euro
A.	**Anlagevermögen**			**A.**	**Eigenkapital**	238.000
I.	Sachanlagen					
	1.	Grundstücke und Bauten	350.000			
	2.	Betriebs- und Geschäftsausstattung	19.500			
B.	**Umlaufvermögen**			**B.**	**Verbindlichkeiten**	
I.	Vorräte				1. Verbindlichkeiten gegenüber Kreditinstituten	140.000
	1.	Waren	2.200		2. Verbindlichkeiten aus Lieferungen und Leistungen	5.000
II.	Forderungen					
	1.	Forderungen aus Lieferungen und Leistungen	3.200			
III.	Kassenbestand, und Guthaben bei Kreditinstituten		8.500			
		Summe	383.400		Summe	383.400

Datum   Unterschrift des Inhaber

8.5.2 Bilanzarten

Abbildung 80 - Bilanzarten

```
BILANZARTEN
    ... RECHTSNORM DER BILANZIERUNG
        ... HANDELSBILANZ
        ... STEUERBILANZ
        AFFINITÄT ZWISCHEN HANDELS- UND STEUERBILANZ
    ... REGELMÄSSIGKEIT DER BILANZIERUNG
        ... ORDENTLICHE BILANZEN
        ... AUSSERORDENTLICHE BILANZEN
    ... ANZAHL DER BILANZIERENDEN UNTERNEHMEN
        ... EINZELBILANZ
        ... GEMEINSCHAFTSBILANZ
        ... KONSOLIDIERTE (KONZERN-)BILANZ
    ... ZEITLICHE AUSRICHTUNG DER BILANZEN
        ... (KONSTATIERENDE) ISTBILANZEN
        ... (PROSPEKTIVE) PLANBILANZEN
    ... BETRIEBSWIRTSCHAFTLICHE NUTZUNG DER BILANZ
        ... LIQUIDITÄTSBILANZ
        ... BEWEGUNGSBILANZ
```

Je nach unterschiedlichen Zielsetzungen, die mit einer Bilanzaufstellung verfolgt werden, und der verschiedenen Anlässe der Bilanzaufstellung lassen sich zahlreiche Arten von Bilanzen unterscheiden.

Als Kriterien zur Unterscheidung von Bilanzen können angesehen werden die

- RECHTSNORM DER BILANZIERUNG,
- REGELMÄSSIGKEIT DER BILANZAUFSTELLUNG,
- ANZAHL DER BILANZIERENDEN UNTERNEHMEN,
- ZEITLICHE AUSRICHTUNG DER BILANZ UND
- BETRIEBSWIRTSCHAFTLICHE NUTZUNG DER BILANZ.

RECHTSNORM DER BILANZIERUNG

Aufgrund der rechtlichen Normen lassen sich unterscheiden die

- HANDELSBILANZ UND
- STEUERBILANZ.

HANDELSBILANZ

Die **Handelsbilanz** ist eine Bilanz, die nach handelsrechtlichen Vorschriften erstellt wird (§§238 ff. HGB), deren Wertansätze von dem Grundsatz der Vorsicht beherrscht sind.

Zweck der Handelsbilanz ist die Rechenschaftslegung über die wirtschaftliche Entwicklung gegenüber Gläubigern und Gesellschaftern sowie zur Information der Unternehmensleitung.

STEUERBILANZ

Die **Steuerbilanz** ist eine Bilanz, die nach steuerrechtlichen Vorschriften erstellt wird (§60 Abs. 2 EStDV). Die Wertansätze der Handelsbilanz sind für die Steuerbilanz maßgebend (**Maßgeblichkeitsgrundsatz**). Die Steuerbilanz wird als abgeleitete Handelsbilanz bezeichnet.

Zweck der Steuerbilanz ist die Ermittlung des steuerlichen Gewinns und des steuerlichen Betriebsvermögens als Grundlage der Besteuerung.

Affinität zwischen Handels- und Steuerbilanz

Handels- und Steuerbilanz können übereinstimmen, müssen es aber nicht! Unterschiedliche Wertansätze in beiden Bilanzen sind eine Folge der unterschiedlichen Zwecke, denen beide Bilanzen dienen.

Wird ein Wertansatz entsprechend den handelsrechtlichen Grundsätzen ordnungsmäßiger Buchführung (GoB) gewählt, dann ist er auch der steuerlichen Gewinnermittlung zugrunde zu legen (es sei denn, der Wertansatz stimmt nicht mit zwingenden steuerlichen Bewertungsvorschriften überein).

Regelmäßigkeit der Bilanzaufstellung

Die Regelmäßigkeit der Bilanzaufstellung lässt Bilanzen unterscheiden als

- ordentliche Bilanz und
- außerordentliche Bilanz.

Ordentliche Bilanz

Unter **ordentlichen Bilanzen** werden Bilanzen verstanden, die durch regelmäßige, gleichbleibende Abstände (äquidistant) eine periodische Rhythmizität aufweisen.

Die Ermittlung und der Vergleich einer wirtschaftlichen Situation eines Unternehmens werden an wiederkehrenden Bilanzstichtagen in Form von Jahres- sowie Konzernbilanzen geknüpft.

Außerordentliche Bilanz

Derartige **Sonderbilanzen** sind verknüpft mit einmalig oder in unregelmäßig auftretenden Umständen, aufgrund rechtlicher oder wirtschaftlicher Gegebenheiten. Außerordentliche Bilanzen beanspruchen nicht eine Vergleichbarkeit der wirtschaftlichen Situation mit zurückliegenden Bilanzen. Sie treten auf als

- GRÜNDUNGSBILANZ,
- FUSIONSBILANZ,
- (RECHTSFORM-)UMWANDLUNGSBILANZ,
- SANIERUNGSBILANZ,
- **FEHLER! VERWEISQUELLE KONNTE NICHT GEFUNDEN WERDEN.**,
- LIQUIDATIONSBILANZ UND
- INSOLVENZBILANZ.

GRÜNDUNGSBILANZ

Anlass ist die Gründung eines Unternehmens. Eine **Gründungsbilanz** hat die materielle Aufgabe, das Vermögen und das Kapital übersichtlich darzustellen, sowie die formelle Aufgabe, als Eröffnungsbilanz den Grundsätzen für die Aufstellung der Jahresbilanz (Gliederung und Bewertung) zu entsprechen.

FUSIONSBILANZ

Anlass ist die Fusion (Verschmelzung) mindestens zweier Unternehmen. Die **Fusionsbilanz** ist die zusammengefasste Bilanz der fusionierten Unternehmen mit der Aufgabe die neuen Vermögens- und Kapitalstrukturen aufzuzeigen.

(RECHTSFORM-)UMWANDLUNGSBILANZ

Anlass ist die Änderung der Rechtsform eines Unternehmens. Die **Umwandlungsbilanz** ist die Schlussbilanz des umzuwandelnden Unternehmens. Bei rechtsformwechselnder Umwandlungen wird diese zur Eröffnungsbilanz des neuen Rechtsträgers (Übernahmebilanz).

SANIERUNGSBILANZ

Anlass ist die Kapitalherabsetzung zur Neuordnung der Kapitalstruktur bei Verlusten. Die **Sanierungsbilanz** zeigt die Veränderungen des Nennkapitals und den Verlustausgleich auf.

Auseinandersetzungsbilanz

Anlass ist das Ausscheiden eines oder mehrerer Gesellschafter aus einer Personengesellschaft. Sie stellt Vermögen und Kapital zum Auseinandersetzungsstichtag auf und ermittelt so das Auseinandersetzungsguthaben. Als interne Bilanz unterliegt die **Auseinandersetzungsbilanz** keinen rechtlich zwingenden Bewertungsvorschriften, das heißt beispielsweise stille Reserven können dabei ermittelt werden.

Liquidationsbilanz

Anlass einer **Liquidationsbilanz** ist die Auflösung des Unternehmens. Da eine Abwicklung sich in der Regel in der Regelüber einen längeren Zeitraum erstreckt, wird zwischen Liquidationseröffnungs- und -schlussbilanz differenziert.

Insolvenzbilanz

Anlass einer **Insolvenzbilanz** ist die Insolvenz des Unternehmens aufgrund eingetretener Zahlungsunfähigkeit. Auf der Grundlage des Inventars, das auf einer Bewertung des Vermögens zu Verkehrswerten beruht, erstellt der Insolvenzverwalter eine Insolvenzbilanz als **Insolvenzeröffnungsbilanz**. Mit der Beendigung des Insolvenzverfahrens, ist eine Schlussabrechnung (**Insolvenzverteilungsbilanz**) aufzustellen, die eine monetäre Gegenüberstellung aller möglichen Einzahlungen und Auszahlungen an die Gläubiger darstellt.

ANZAHL DER BILANZIERENDEN UNTERNEHMEN

Aufgrund der Anzahl der bilanzierenden Unternehmen lassen sich abstufen die

- EINZELBILANZ,
- GEMEINSCHAFTSBILANZ UND
- KONSOLIDIERTE (KONZERN-)BILANZ.

EINZELBILANZ

Eine **Einzelbilanz** beschreibt die Bilanzaufstellung eines einzelnen Unternehmens als Einzelbilanzierer.

GEMEINSCHAFTSBILANZ

Eine **Gemeinschaftsbilanz** beschreibt die Zusammenstellung von Einzelbilanzen bei kooperierenden Unternehmen, die rechtlich und wirtschaftlich selbständig, außer in der kooperierenden Sphäre.

KONSOLIDIERTE (KONZERN-)BILANZ

Eine **konsolidierte Bilanz** (§§329 ff. AktG) beschreibt die Zusammenstellung von unterschiedlichen Einzelbilanzen bei konzentrativen Unternehmenszusammenschlüssen, die rechtlich selbständig sind, wirtschaftlich jedoch eine Einheit bilden. Erfolgsdifferenzierungen können im Konzerngesamt eliminiert werden.

ZEITLICHE AUSRICHTUNG DER BILANZ

Bezüglich der zeitlichen Ausrichtung der Bilanz wird gegliedert in die

- (KONSTATIERENDE) ISTBILANZ UND
- (PROSPEKTIVE) PLANBILANZ.

(KONSTATIERENDE) ISTBILANZ

(Konstatierende) Istbilanzen sind vergangenheitsbezogene Bilanzen, die die zurückliegenden Vermögens- und Kapitalstrukturen charakterisieren.

(Prospektive) Planbilanz

(Prospektive) Planbilanzen sind zukunftsorientierte Bilanzen, die planende Aspekte bezüglich möglicher Vermögens- und Kapitalstrukturen eines Unternehmens berücksichtigen.

Betriebswirtschaftliche Nutzung der Bilanz

Aufgrund von unterschiedlichen Verwendungen von Bilanz im Unternehmen können differenziert werden die

- Liquidationsbilanz und
- Bewegungsbilanz.

Liquiditätsbilanz

Eine **Liquiditätsbilanz** ist eine unter dem Gesichtspunkt der **Liquidität**[14] – der Zahlungsfähigkeit – aufgestellte Bilanz. Sie zeigt Finanzierungsmöglichkeiten auf und stellt die Zahlungsbereitschaft eines Unternehmens durch die Gegenüberstellung von Finanzierungsbedarf und möglicher Finanzierungsdeckung zeitpunktbezogen dar.

Eine **Liquiditätsbilanz** ist eine unter dem Gesichtspunkt der **Liquidität** – der Zahlungsfähigkeit –aufgestellte Bilanz. Sie zeigt Finanzierungsmöglichkeiten auf und stellt die Zahlungsbereitschaft eines Unternehmens durch die Gegenüberstellung von Finanzierungsbedarf und möglicher Finanzierungsdeckung zeitpunktbezogen dar.

---

[14] **Liquidität** beschreibt die Zahlungsfähigkeit eines Unternehmens, wenn es jederzeit in der Lage ist, termingerecht, betrags- und bedingungsgenau seinen Verbindlichkeiten nachzukommen, d.h. ein **finanzielles Gleichgewicht** zu gewährleisten.

BEWEGUNGSBILANZ

Eine **Bewegungsbilanz** zeigt durch die Gegenüberstellung zweier aufeinander folgender Bilanzen die Veränderungen von Bilanzpositionen durch eine Aufstellung der Finanzierungsmittel in ihrer Herkunft und Verwendung. Bestandsdifferenzen werden als finanzwirtschaftliche Vorgänge gedeutet in der Form von **Mittelherkunft** und **Mittelverwendung**:

Mittelherkunft ist darstellbar durch die Abnahme der aktivischen und Zunahme der passivischen Bilanzpositionen;

Mittelverwendung ist darstellbar durch die Zunahme der aktivischen und Abnahme der passivischen Bilanzpositionen.

Eine **Bewegungsbilanz** zeigt durch die Gegenüberstellung zweier aufeinander folgender Bilanzen die Veränderungen von Bilanzpositionen durch eine Aufstellung der Finanzierungsmittel in ihrer Herkunft und Verwendung. Bestandsdifferenzen werden als finanzwirtschaftliche Vorgänge gedeutet in der Form von **Mittelherkunft** und **Mittelverwendung**:

- **Mittelherkunft** ist darstellbar durch die Abnahme der aktivischen und Zunahme der passivischen Bilanzpositionen;
- **Mittelverwendung** ist darstellbar durch die Zunahme der aktivischen und Abnahme der passivischen Bilanzpositionen.

8.5.3 Gliederungsschema einer Bilanz

Abbildung 81 – Gliederungsschemata von Bilanzen

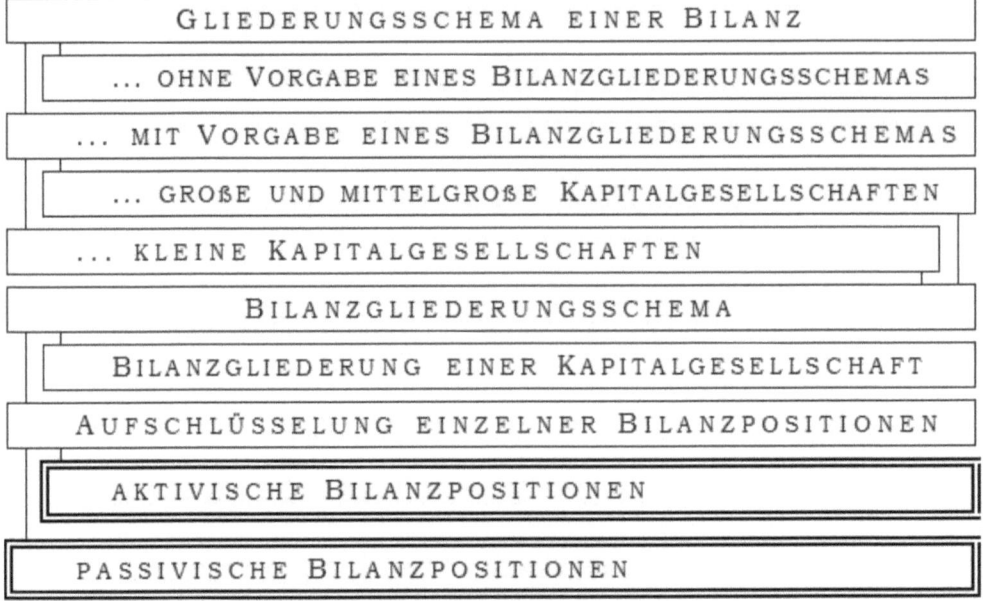

Bilanz und Inventar unterscheiden sich sowohl in ihrer Form als auch in ihrem Umfang. Im **Inventar** werden alle Vermögensgegenstände und Schulden einzeln mit detaillierter Bezeichnung und ihrem Wert ausgewiesen.

In der **Bilanz** werden gleichartige Vermögensgegenstände und Verbindlichkeiten subsummiert (aufaddiert) und positionsweise zusammengefasst. Dadurch ist die Übersichtlichkeit der Bilanz größer als beim Inventar, da Vermögensteile sowie Eigenkapital und Fremdkapital auf einer Papierseite zusammengefasst sind. Die Vermögensteile (Anlage- und Umlaufvermögen), das Eigenkapital und das Fremdkapital sind hinreichend zu gliedern (§247 Abs. 1 HGB).

Je nach dem Bilanzierenden können zwei Gruppen unterschieden werden

- OHNE VORGABE EINES BILANZGLIEDERUNGSSCHEMAS UND
- MIT VORGABE EINES BILANZGLIEDERUNGSSCHEMAS.

OHNE VORGABE EINES BILANZGLIEDERUNGSSCHEMAS

Für die Gruppe der Einzelkaufleute und Personengesellschaften, die nach §141 AO buchführungspflichtig sind, schreibt das HGB kein bestimmtes Gliederungsschema vor. Die Gliederung der Bilanz kann unternehmensindividuell erfolgen, muss jedoch die Grundsätze ordnungsmäßiger Buchführung beachten. Für Nicht-Kapitalgesellschaften kann die Bilanz wie folgt (in Anlehnung an §266 Abs. 1 Satz 3 HGB) gegliedert sein:

BILANZGLIEDERUNG EINER NICHT-KAPITALGESELLSCHAFT

Abbildung 82 - Bilanzgliederung einer Nicht-Kapitalgesellschaft

Aktiva	Bilanzgliederung einer Nicht-Kapitalgesellschaft	Passiva

A. Anlagevermögen
  I. Immaterielle Vermögensgegenstände
  II. Sachanlagen
  III. Finanzanlagen
 	
B. Umlaufvermögen
  I. Vorräte
  II. Forderungen und sonstige Vermögensgegenstände
  III. Wertpapiere
  IV. Schecks, Kassenbestand, Postgiroguthaben, Guthaben bei Kreditinstituten
 	
C. Rechnungsabgrenzungsposition
		A. Eigenkapital
		(Gliederung bei Personenhandelsgesellschaften nach Voll- und Teilhaftern)
		
		B. Rückstellungen
		
		C. Verbindlichkeiten
		
		D. Rechnungsabgrenzungsposition

Mit Vorgabe eines Bilanzgliederungsschemas

Kapitalgesellschaften ist ein detailliertes Bilanzgliederungsschema sowohl formal als auch inhaltlich vorgeschrieben (§266 HGB). Bezüglich der Gliederungstiefe kann unterschieden werden zwischen

- Große und mittelgroße Kapitalgesellschaften sowie
- kleine Kapitalgesellschaften.

Große und mittelgroße Kapitalgesellschaften

Große und mittelgroße Kapitalgesellschaften müssen das Gliederungsschema nach §266 Abs. 2 und 3 HGB erfüllen. Demnach müssen Positionen der Aktiv- und Passivseite dezidiert und in der gesetzlich auferlegten Reihenfolge ausgewiesen werden (§266 Abs. 1 HGB).

Kleine Kapitalgesellschaften

Kleine Kapitalgesellschaften brauchen nur eine Bilanz in verkürzter Form aufzustellen (§266 Abs. 1 Satz 3 HGB), das heißt sie brauchen nur mit Buchstaben und römischen Zahlen bezeichnete Bilanzpositionen des Gliederungsschemas subsummiert und in der vorgeschriebenen Reihenfolge darzustellen.

Bilanzgliederungsschema

Eine Bilanzgliederung für Kapitalgesellschaften zeigt die folgende Tabelle (§266 HGB). Auch wenn das **Bilanzgliederungsschema** ausschließlich für Kapitalgesellschaften gilt, wird in der Praxis davon ausgegangen, dass eine vereinfachte Version unter Berücksichtigung der Grundsätze ordnungsmäßiger Buchführung (GoB) allgemein anerkannt wird und somit auch für Nicht-Kapitalgesellschaften Anwendung findet.

Unterschieden wird im Folgenden unter

- Bilanzgliederung einer Kapitalgesellschaft und
- Aufschlüsselung einzelner Bilanzpositionen.

Bilanzgliederung einer Kapitalgesellschaft

Abbildung 83 - Bilanzgliederung einer Kapitalgesellschaft

Aktiva	Bilanzgliederung einer Kapitalgesellschaft	Passiva

Aktiva

- **A. Anlagevermögen**
  - I. Immat. Vermögensgegenstände
    1. Konzessionen, gewerbliche Schutzrechte und ähnliche Rechte und Werte sowie Lizenzen an solchen Rechten und Werten
    2. Geschäfts- und Firmenwert
    3. geleistete Anzahlungen
  - II. Sachanlagen
    1. Grundstücke, grundstücksgleiche Rechte und Bauten einschließlich der Bauten auf fremden Grundstücken
    2. technische Anlagen und Maschinen
    3. andere Anlagen, Betriebs- und Geschäftsausstattung
    4. geleistete Anzahlungen und Anlagen im Bau
  - III. Finanzanlagen
    1. Anteile an verbundenen Unternehmen
    2. Ausleihungen an verb. Unternehmen
    3. Beteiligungen
    4. Ausleihungen an Unternehmen, mit denen ein Beteiligungsverh. besteht
    5. Wertpapiere des Anlagevermögens
    6. sonstige Ausleihungen
- **B. Umlaufvermögen**
  - I. Vorräte
    1. Roh-, Hilfs- und Betriebsstoffe
    2. unfertige Erzeugnisse, unfertige Leistungen
    3. fertige Erzeugnisse und Waren
    4. geleistete Anzahlungen
  - II. Forderungen und sonstige Vermögensgegenstände
    1. Forderungen aus Lieferungen und Leistungen
    2. Forderungen gegenüber verbundenen Unternehmen
    3. Forderungen gegenüber Unternehmen, mit denen ein Beteiligungsverhältnis besteht
    4. sonstige Vermögensgegenstände
  - III. Wertpapiere
    1. Anteile an verbundenen Unternehmen
    2. eigene Anteile
  - IV. Schecks, Kassenbestand, Bundesbank und Post-Postgiroguthaben, Guthaben bei Kreditinstituten
- **C. Rechnungsabgrenzungsposten**

Passiva

- **A. Eigenkapital**
  - I. Gezeichnetes Kapital
  - II. Kapitalrücklage
  - III. Gewinnrücklage
    1. gesetzliche Rücklage
    2. Rücklage für eigene Anteile
    3. satzungsmäßige Rücklagen
    4. andere Gewinnrücklagen
  - IV. Gewinnvortrag / Verlustvortrag
  - V. Jahresüberschuss / Jahresfehlbetrag
- **B. Rückstellungen**
  1. Rückstellungen für Pensionen und ähnliche Verpflichtungen
  2. Steuerrückstellungen
  3. sonstige Rückstellungen
- **C. Verbindlichkeiten**
  1. Anleihen, davon konvertibel
  2. Verbindlichkeiten gegenüber Kreditinstituten
  3. erhaltene Anzahlungen auf Bestellungen
  4. Verbindlichkeiten aus Lieferungen und Leistungen
  5. Verbindlichkeiten aus der Annahme gezogener Wechsel und der Ausstellung eigener Wechsel
  6. Verbindlichkeiten gegenüber verbundenen Unternehmen
  7. Verbindlichkeiten gegenüber Unternehmen, mit denen ein Beteiligungsverhältnis besteht
  8. sonstige Verbindlichkeiten, davon aus Steuern davon im Rahmen der sozialen Sicherheit
- **D. Rechnungsabgrenzungsposten**

AUFSCHLÜSSELUNG EINZELNER BILANZPOSITIONEN

Einige ausgewählte Erläuterungen zu Positionen der Bilanz werden nach aktivischen und passivischen Gesichtspunkten vorgenommen:

- AKTIVISCHE BILANZPOSITIONEN UND
- PASSIVISCHE BILANZPOSITIONEN.

AKTIVISCHE BILANZPOSITIONEN

Die **aktivischen Bilanzpositionen** lassen sich grob einteilen in

- ANLAGEVERMÖGEN,
- UMLAUFVERMÖGEN UND
- AKTIVE RECHNUNGSABGRENZUNGSPOSTEN.

ANLAGEVERMÖGEN

Das **Anlagevermögen** ist dazu bestimmt, langfristig der betrieblichen Leistungserstellung zu dienen und die technische Betriebsbereitschaft zu sichern. Mit Ausnahme von Grund und Boden wird das Anlagevermögen durch ständige Teilnahme am Leistungsprozess abgenutzt, wobei der ständige Verschleiß nur langsam durch die Umsatzerlöse ersetzt wird. Dem einzelnen Vermögensteil sieht man es oft nicht an, ob er zum Anlage- oder Umlaufvermögen gehört; entscheidend ist die Art der Verwendung. Das Sachanlagevermögen bestimmt die technische **Betriebskapazität**. Unterschieden wird in

- IMMATERIELLES VERMÖGEN,
- SACHANLAGEN UND
- FINANZANLAGEN.

Immaterielles Vermögen

Die Position Aktiva A I des immateriellen Vermögens umfasst unter anderem die Positionen

- Konzessionen, gewerbliche Schutzrechte,
- Geschäfts- oder Firmenwert sowie
- Geleistete Anzahlungen.

Konzessionen, gewerbliche Schutzrechte

Konzessionen sind befristete behördliche Genehmigungen zur Ausübung eines konzessionspflichtigen Gewerbes oder Handels wie beispielsweise Güterfernverkehrsgenehmigung.

Geschäfts- oder Firmenwert

Der **Geschäfts- oder Firmenwert** ist der Inbegriff für alle sonstigen immateriellen, nicht genau wägbaren Faktoren einer Unternehmung, wie gute Geschäftslage, guter Ruf einer Firma, guter Kundenstamm, zuverlässiges Stammpersonal, gesundes Betriebsklima und nicht zuletzt zweckmäßige Organisation einer Unternehmung.

- Der *originäre*, selbst geschaffene **Geschäftswert** darf weder nach Handels- noch nach Steuerrecht aktiviert werden. Erscheint der Geschäftswert in der Bilanz, so handelt es sich um den *derivativen* Geschäftswert, den der Erwerber bezahlt hat.
- Steuerrechtlich darf der **erworbene Geschäftswert** linear innerhalb 15 Jahren abgeschrieben werden (§§7, 52 EStG).
- Handelsrechtlich ist der erworbene Geschäftswert abzuschreiben (§255 Abs. 4 HGB)
  - in jedem folgenden Geschäftsjahr mit mindestens einem Viertel oder
  - planmäßig auf die Jahre der voraussichtlichen Nutzung verteilt.
- Die Errechnung des Geschäftswertes setzt die Kenntnis folgender Wertbegriffe voraus:

- Substanzwert (Reproduktionswert):

$$\text{SW-Substanzwert (Reproduktionswert)} = \frac{\text{Tageswert der Vermögensteile}}{\text{Schulden}}$$

- Ertragswert:

$$\text{EW-Ertragswert} = \frac{\text{Durchschnittsertrag}}{\text{Kapitalisierungszinsfuß}} * 100$$

- Unternehmenswert:

$$\text{UW-Unternehmenswert} = \frac{SW + EW}{2}$$

- Geschäftswert:

$$\text{GW-Geschäftswert} = UW / SW \text{ oder } EW / UW \text{ oder } \frac{EW ./. SW}{2}$$

GELEISTETE ANZAHLUNGEN

Geleistete Anzahlungen auf aktivierungspflichtige immaterielle Wirtschaftsgüter können nur in Ausnahmefällen wie beispielsweise bei einer Leistungsstörung außerplanmäßig abgeschrieben werden, das heißt eine planmäßige Abschreibung findet nicht statt.

SACHANLAGEN

Die Position Aktiva A II der **Sachanlagen** umfasst unbewegliche (Immobilien) sowie bewegliche (Mobilien) Gegenstände unter den Positionen

- GRUND UND BODEN,
- TECHNISCHE ANLAGEN UND MASCHINEN,

- ANDERE ANLAGEN, BETRIEBS- UND GESCHÄFTSAUSSTATTUNG SOWIE
- GELEISTETE ANZAHLUNGEN UND ANLAGEN IM BAU.

Im Gegensatz zu den übrigen Bilanzpositionen ist beim (Sach-)-Anlagevermögen eine horizontale Gliederung in Form eines **Anlagenspiegels** gesetzlich vorgeschrieben.

GRUND UND BODEN

Die gesonderte Erfassung von **Grund und Boden** setzt bei bebauten Grundstücken, für die ein Gesamtkaufpreis entrichtet wurde, die Aufteilung der Anschaffungskosten voraus. Als **Aufteilungsmaßstab** kommt das Verhältnis der **Zeitwerte** in Betracht. Steuerlich gilt das Verhältnis der Teilwerte.

Für die Buchung und Bilanzierung von Grundstücken und grundstücksgleichen Rechten kommt es nicht unbedingt auf den Zeitpunkt des rechtlichen Eigentumsübergangs an. Entscheidend ist der Übergang des wirtschaftlichen Eigentums.

Auch die Einrichtung in den jeweiligen Gebäuden, wie Heizungs-, Beleuchtungs-, Lüftungsanlagen, Zuleitung, Installationen und Rolltreppen rechnen zum Gebäude, wenn sie im wirtschaftlichen Verkehr als unselbständige Gegenstände angesehen werden.

Wenn in §266 Abs. 2 A II 1 HGB von Bauten die Rede ist, so wird damit deutlich gemacht, dass noch andere selbständige Grundstückseinrichtungen, die keine Gebäude sind, unter dieser Position auszuweisen sind, wie beispielsweise Uferbefestigungen, Kanalbauten, Parkplätze, Straßen, Einfriedungen.

TECHNISCHE ANLAGEN UND MASCHINEN

`Auflistung finden alle Anlagen, die der Leistungserstellung dienen. Technische Anlagen und Maschinen´ sind solche, die *unmittelbar* zur Leistungserstellung im Unternehmen eingesetzt werden.

ANDERE ANLAGEN, BETRIEBS- UND GESCHÄFTSAUSSTATTUNG

´Andere Anlagen ...´ sind solche, die nur *mittelbar* zur Leistungserstellung gehören. Auflistung aller Anlagen, die mittelbar zur Leistungserstellung gehören, wie der Fahrzeuge oder die Büroausstattung.

Geleistete Anzahlungen und Anlagen im Bau

Für im Bau befindliche Anlagen dürfen in der Regel keine Abschreibungen vorgenommen werden.

Finanzanlagen

Die Position Aktiva A III **Finanzanlagen** sind

- Anteile an verbundenen Unternehmen,
- Ausleihungen an verbundene Unternehmen und
- Beteiligungen und Wertpapiere des Anlagevermögens.

Soweit keine Dauerhaftigkeit der Finanzanlagen vorgesehen ist, erfolgt der Ausweis im Umlaufvermögen bei den Wertpapieren beziehungsweise Forderungen.

Anteile an verbundenen Unternehmen

Verbundene Unternehmen sind solche Unternehmen, die als Mutter- oder Tochtergesellschaften in einem Konzern vereinigt sind, mit verbrieften Mitgliedschaftsrechte (Vermögens- und Verwaltungsrechte).

Ausleihungen an verbundene Unternehmen

Hierunter fallen z.B. Forderungen von Mutter- oder Tochtergesellschaften mit Darlehnscharakter und Laufzeiten von mindestens vier Jahren (z.B. Schuldverschreibungen, Schuldscheindarlehen, Hypothekenforderungen).

Beteiligungen und Wertpapiere des Anlagevermögens

Beteiligungen sind Kapitalanteile an anderen Unternehmen, die eine wirtschaftliche Verflechtung mit diesen bezwecken und . Es handelt sich in der Regel in der Regel um erworbene Aktien, GmbH-Anteile, Anteile an Personengesellschaften, die dazu bestimmt sind, dauernd oder jedenfalls langfristig dem Zweck des Unternehmens zu dienen. Beteiligungen dienen vornehmlich der Einflussnahme und weniger der Geldanlage, in Industriebetrieben z.B. häufig der Sicherung des Bezuges von Werkstoffen oder des Absatzes der Erzeugnisse. Als Beteiligungen gelten im Zweifelsfall Anteile an einer Kapitalgesellschaft, deren Nennbeträge insgesamt 20% des Nennkapitals dieser Gesellschaft überschreiten. und Wertpapiere des Anlagevermögens

Wertpapiere des Anlagevermögens sind solche Wertpapiere, die einer dauernden Kapitalanlage dienen, ohne dass dabei von vornherein die Absicht einer wirtschaftlichen Verflechtung oder Einflussnahme besteht (Inhaber- und Nennwertpapiere).

UMLAUFVERMÖGEN

Das **Umlaufvermögen** ist keine einheitliche Vermögensmasse. Es umfasst die Vermögensteile, die nur kurz im Betrieb verbleiben, also möglichst oft eingesetzt werden sollen. Es wird unterschieden in:

- VORRÄTE,
- FORDERUNGEN,
- WERTPAPIERE DES UMLAUFVERMÖGENS UND
- FLÜSSIGE MITTEL.

VORRÄTE

Vorräte sind die eigentlichen Güter, die innerhalb der Leistungserstellung umgesetzt werden und die Bereitschaft der Leistungserstellung sichern. Im Handelsbetrieb sind es die Waren, im Industriebetrieb die Roh-, Hilfs- und Betriebsstoffe, die Zwischen- und Endleistungen sowie Zulieferteile und Handelswaren.

- ROH-, HILFS- UND BETRIEBSSTOFFE,
- UNFERTIGE ERZEUGNISSE,
- FERTIGE ERZEUGNISSE UND
- GELEISTETE ANZAHLUNGEN.

ROH-, HILFS- UND BETRIEBSSTOFFE[15]

Rohstoffe sind Güter, die in die betriebliche Leistung als *wesentliche* Bestandteile eingehen. **Hilfsstoffe** sind Güter, die in die betriebliche Leistung als *unwesentliche* Bestandteile eingehen. **Betriebsstoffe** sind Sachgüter, die bei der Leistungserstellung und -verwertung sukzessiv aufgezehrt werden, ohne jedoch Bestandteile der zu erstellenden Leistung zu sein.

UNFERTIGE ERZEUGNISSE

Als **unfertige Erzeugnisse** werden Leistungen angesehen, die selbsterstellt sind, jedoch unvollendet sind.

FERTIGE ERZEUGNISSE

Fertige Erzeugnisse sind Leistungen, die vollendet sind.

GELEISTETE ANZAHLUNGEN

Bei geleisteten Anzahlungen handelt es sich wirtschaftlich gesehen um Kredite, die dem Unternehmen vom Auftraggeber vor Fertigstellung der Leistung bzw. des Auftragsgutes überlassen werden.

FORDERUNGEN

---

[15] Vgl. zu ʿProduktionsfaktorenʾ Kapitel 2.4 in Band 2 dieser Reihe.

Forderungen sind Rechte, die sich aus (Waren-)Lieferungen und Leistungen (Forderungen aus Lieferung und Leistungen) ergeben. Sie beruhen auf kurzfristigen Krediten, die Kunden und anderen Personen eingeräumt wurden. Sie sind noch keine flüssigen Mittel und deshalb mit dem Risiko des Verlustes belastet.

- FORDERUNGEN AUS LIEFERUNGEN UND LEISTUNGEN,
- FORDERUNGEN GEGENÜBER VERBUNDENEN UNTERNEHMEN,
- FORDERUNGEN GEGENÜBER UNTERNEHMEN, MIT DENEN EIN BETEILIGUNGSVERHÄLTNIS BESTEHT UND
- SONSTIGE VERMÖGENSGEGENSTÄNDE.

FORDERUNGEN AUS LIEFERUNGEN UND LEISTUNGEN

Forderungen aus Lieferungen und Leistungen sind Leistungen, die aus Lieferungen (beispielsweise bei Lieferungen von Gütern an Kunden) oder (Dienst-)Leistungen (beispielsweise bei Reinigungstätigkeiten beim Kunden) gegenüber Kunden entstehen. Es handelt sich um **offene Rechnungen**.

FORDERUNGEN GEGENÜBER VERBUNDENEN UNTERNEHMEN

Verbundene Unternehmen sind Unternehmen in einem **Konzernabschluss** eines Mutterunternehmens, die als Tochterunternehmen einzubeziehen sind. (§271 Abs. 2 HGB) Die **Beteiligungen** betragen mindestens 50%. **Forderungen gegenüber verbundenen Unternehmen** sind offene Rechnungen für Lieferungen an verbundene Unternehmen. Diese Forderungen haben Vorrang vor dem Ausweis von Forderungen aus Lieferungen und Leistungen.

FORDERUNGEN GEGENÜBER UNTERNEHMEN, MIT DENEN EIN BETEILIGUNGSVERHÄLTNIS BESTEHT

Forderungen gegenüber Unternehmen, mit denen ein Beteiligungsverhältnis besteht, sind offene Rechnungen für Lieferungen an verbundene Unternehmen, bei denen die **Beteiligungen** zu mehr als 5% und weniger als 50% besteht.

Sonstige Vermögensgegenstände

Die Bilanzposition `Sonstige Vermögensgegenstände´ ist ein **Sammelposten** für Ansprüche, die unter den vorrangigen anderen Posten Forderungen aus Lieferungen und Leistungen, Forderungen gegenüber verbundenen Unternehmen oder Forderungen gegenüber Unternehmen, mit denen ein Beteiligungsverhältnis besteht keinen Ausweis finden.

Wertpapiere des Umlaufvermögens

Wertpapiere sind Anteile an verbundenen Unternehmen und sonstige Wertpapiere, die zur kurzfristigen Anlage angeschafft wurden. Zu den sonstigen Wertpapieren gehören auch Finanzwechsel. Es sind zu betrachten:

- ANTEILE AN VERBUNDENEN UNTERNEHMEN.

Anteile an verbundenen Unternehmen

Anteile an verbundenen Unternehmen werden im Umlaufvermögen berücksichtigt, wenn eine Verkaufsabsicht dieser Anteile besteht, sie nicht als Anlagevermögen, sondern als Umlaufvermögen angesehen werden. (§266 Abs. 2 B. III. 1. HGB)

Flüssige Mittel

Flüssige Mittel sind jederzeit in eine andere Vermögensform umwandelbare Vermögensteile wie Schecks, Kassenbestände, Bundesbank- und Postgiroguthaben sowie Guthaben bei Kreditinstituten. Sie erfüllen Zahlungszwecke oder beinhalten Kaufkraft in neutraler Vermögensform.

Aktive Rechnungsabgrenzungsposten

Aufwendungen, die im Betrachtungszeitraum **im Voraus bezahlt** und gebucht wurden, aber wirtschaftliche teilweise oder ganz dem neuen Betrachtungszeitraum zuzurechnen sind, werden in der Position **aktive Rechnungsabgrenzung** geführt. Im Jahresabschluss sind die betreffenden Aufwandskonten wie beispielsweise Vorauszahlungen für Versicherungen, Mieten oder Pachten durch den **aktiven Rechnungsabgrenzungsposten** zu korrigieren.

Passivische Bilanzpositionen

Die **passivischen Bilanzpositionen** lassen sich grob einteilen in

- Eigenkapital,
- Fremdkapital und
- passive Rechnungsabgrenzungsposten.

Eigenkapital

Eigenkapital kann unterschieden werden durch

- ausgewiesenes Eigenkapital sowie
- tatsächliches Eigenkapital.

Ausgewiesenes Eigenkapital

Ausgewiesenes Eigenkapital ist rechtsformspezifisch zu nuancieren nach

- Ausgewiesenes Eigenkapital bei Personengesellschaften oder
- Ausgewiesenes Eigenkapital bei Kapitalgesellschaften.

Ausgewiesenes Eigenkapital bei Personengesellschaften

Bei Personengesellschaften umfasst das **ausgewiesene Eigenkapital** die Mittel, welche die Unternehmer selbst der Unternehmung zugeführt haben, vermehrt um die nicht entnommenen Gewinne und vermindert um die eingetretenen Verluste. Das in der Bilanz ausgewiesene Eigenkapital ist gleich dem Vermögen abzüglich Fremdkapital.

Ausgewiesenes Eigenkapital bei Kapitalgesellschaften

Bei Kapitalgesellschaften (§272 Abs.1 bis 3 HGB sowie §§58 i.V.m. 150 AktG) wird unterschieden

- gezeichnetes Kapital,

- Rücklagen,
- Gewinn-/ Verlustvortrag und
- Jahresüberschuss/ -fehlbetrag.

Gezeichnetes Kapital

Gezeichnetes Kapital ist **Grund-** beziehungsweise **Stammkapital**, auf das sich die Haftung der Gesellschafter der Kapitalgesellschaft beschränkt. Wenn das gezeichnete Kapital nicht voll einbezahlt ist (ausstehende Einlagen), muss dies in der Bilanz angegeben werden. Dafür sind nach Handelsrecht folgende Möglichkeiten vorgesehen

- Ausweis des eingeforderten Kapitals auf der Passivseite der Bilanz. Der Betrag ergibt sich aus der Verminderung des gezeichneten Kapitals um den Betrag der nicht eingeforderten ausstehenden Einlagen; außerdem Ausweis des Betrages der eingeforderten Einlagen unter den Forderungen;
- Ausweis als `Ausstehende Einlagen, davon eingefordert´ auf der Aktivseite der Bilanz vor dem Anlagevermögen.

Rücklagen

Rücklagen sind zusätzliches Eigenkapital.

Bei Kapitalgesellschaften wird unterschieden zwischen

- Kapitalrücklage und
- Gewinnrücklage.

Kapitalrücklage

Kapitalrücklagen können gebildet werden durch

- Aufgelder bei der Ausgabe von Anteilen (Agio bei Aktienemission),
- Beträge, die bei der Ausgabe von Schuldverschreibungen für Wandlungs- und Optionsrechte zum Erwerb von Anteilen erzielt werden,

- Zuzahlungen, welche Gesellschafter (Aktionäre) gegen Gewährung eines Vorzuges für Anteile leisten,
- Zuzahlungen, die Gesellschafter in das Eigenkapital leisten (Zuzahlung bei Sanierungen, Nachschüsse bei der GmbH).

Gewinnrücklage

Gewinnrücklagen werden unterschieden in

- GESETZLICHE RÜCKLAGE,
- SATZUNGSMÄSSIGE RÜCKLAGEN UND
- ANDERE GEWINNRÜCKLAGEN.

Gesetzliche Rücklage

Der **gesetzlichen Rücklage** bei der Aktiengesellschaft oder KGaA sind jährlich 5% des um einen **Verlustvortrag** verminderten Jahresüberschusses solange zuzuführen, bis sie zusammen mit der Kapitalrücklage 10% oder den in der Satzung bestimmten höheren Teil des Grundkapitals erreicht.

Bei der GmbH gibt es keine gesetzliche Rücklage.

Die **gesetzliche Rücklage** dient zusammen mit der Kapitalrücklage als **eiserne Reserve**. Sie dürfen zum Verlustausgleich erst dann angegriffen werden, wenn ein vorhandener Gewinnvortrag verwendet und alle anderen Gewinnrücklagen aufgelöst wurden.

Übersteigen sie den gesetzlichen oder satzungsmäßig höheren Teil, so kann der übersteigende Betrag vor anderen Gewinnrücklagen zum Verlustausgleich verwendet werden, aber nur, wenn nicht gleichzeitig andere Gewinnrücklagen zur Gewinnausschüttung aufgelöst werden. Der übersteigende Betrag kann auch in Grundkapital umgewandelt werden.

Satzungsmäßige Rücklagen

Wird die Rücklagenbildung durch die Satzung bestimmt, so handelt es sich um **satzungsmäßige Rücklagen**.

Die Umwandlung von Rücklagen in Grundkapital wird als **Kapitalerhöhung aus Gesellschaftsmitteln** bezeichnet.

Satzungsmäßige Gewinnrücklagen dienen der Sicherung und Erweiterung des Unternehmens, der Erhaltung des gezeichneten Kapitals (Ausbuchung von Verlust), der Erhöhung des gezeichneten Kapitals und bei der Aktiengesellschaft der **Dividendenpolitik**.

Andere Gewinnrücklagen

Neben einer satzungsmäßigen Rücklage kann die Hauptversammlung weitere Beträge als **andere Gewinnrücklagen** einstellen. Andere Gewinnrücklagen dienen denselben Zwecken wie die satzungsmäßigen Rücklagen. Sie werden für beabsichtigte **Neuinvestitionen** oder besondere Aktivitäten (beispielsweise **Fusionen**) gebildet.

Gewinnvortrag/ Verlustvortrag

Der **Gewinn- oder Verlustvortrag** ist ein Betrag als Übertrag von Gewinnen oder Verlusten aus dem Vorjahr.

Jahresüberschuss/ Jahresfehlbetrag

Der Jahresüberschuss/ -fehlbetrag stellt das **Jahresergebnis** vor der Gewinnausschüttung oder Verlustzuweisung dar.

Tatsächliches Eigenkapital

Das **tatsächliche Eigenkapital** ist das ausgewiesene Eigenkapital zuzüglich der stillen Rücklagen.

Stille Rücklagen entstehen durch:
- Unterbewertung von Vermögensteilen,
- Nichtaktivierung von Vermögenswerten und
- Überbewertung von Rückstellungen.

Abbildung 84 - Darstellung einer Bilanz nach tatsächlichen Verhältnissen

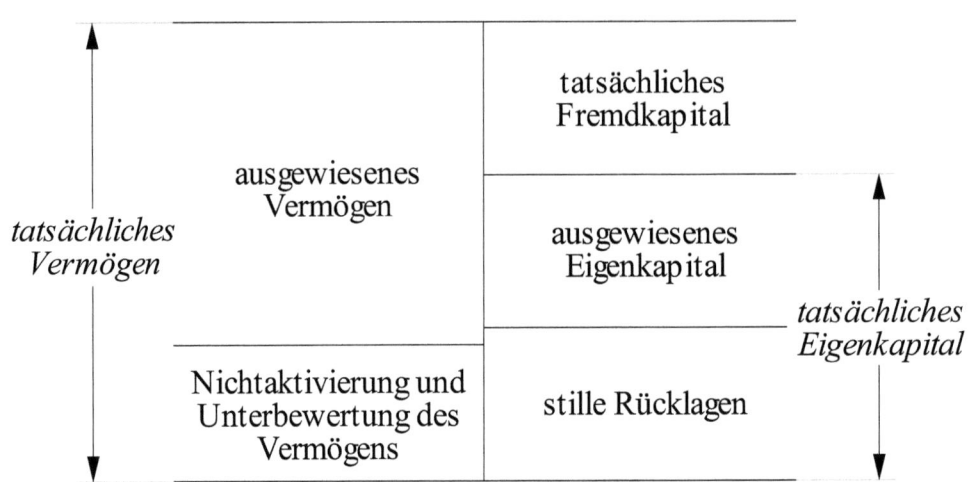

FREMDKAPITAL

Das **Fremdkapital** ist der Teil des Gesamtkapitals, der dem Unternehmen von Gläubigern als Kredit überlassen wird; es sind **Schulden (Verbindlichkeiten)** des Unternehmens. Nach der Kreditdauer werden unterschieden

- RÜCKSTELLUNGEN UND
- VERBINDLICHKEITEN.

RÜCKSTELLUNGEN

Rückstellungen sind bei Kapitalgesellschaften **ungewisse Schulden (Verbindlichkeiten)** und für **drohende Verluste** aus schwebenden Geschäften **(Aufwendungen)**, die ihrem Grunde, nicht aber ihrer Höhe und dem Zeitpunkt ihrer Fälligkeit nach bekannt sind (§§249, 274 HGB) zu bilden. Sie dürfen nur aufgelöst werden, soweit der Grund für die Rückstellung entfallen ist. (§249 Abs. 2 Satz 2 HGB)

Unterscheiden lassen sich

- RÜCKSTELLUNGEN FÜR PENSIONEN UND ÄHNLICHE VERPFLICHTUNGEN,
- STEUERRÜCKSTELLUNGEN SOWIE
- SONSTIGE RÜCKSTELLUNGEN.

RÜCKSTELLUNGEN FÜR PENSIONEN UND ÄHNLICHE VERPFLICHTUNGEN

Bei **Pensionsrückstellungen** handelt es sich um `Schulden´ (Verbindlichkeiten), die vom Unternehmen **gegenüber** ihren **Arbeitnehmern** gemacht werden. Sie werden zur Zahlung zukünftiger Pensionen oder ähnlicher Verpflichtungen erfasst. Es sind Verpflichtungen aus **betrieblicher Altersversorgung**. Es besteht keine Verpflichtung zur Bildung von Pensionsrückstellungen außer sie ist nach HGB gefordert oder sie wird vom Arbeitgeber zugesagt. (§6a EStG; §1 Satz 1 BetrAVG)

Die Durchführung der betrieblichen Altersversorgung kann unmittelbar über den Arbeitgeber oder über einen Versorgungsträger erfolgen (§1b Abs. 2 bis 4 BetrAVG). Das Gesetz unterscheidet:

- **unmittelbare Pensionsverpflichtungen** und
- **mittelbare Pensionsverpflichtungen**:

Die Direktzusage ist eine **unmittelbare Pensionszusage** vom Arbeitgeber vertraglich zugesagte Zahlung einer Versorgungsleitung in der Zukunft. Diese daraus resultierende Zahlungsverpflichtung wird als Pensionsrückstellung in die Blanz eingestellt.

Zu den **mittelbaren Pensionszusage**n gehören die Direktversicherung, Pensionskasse, Pensionsfonds und die Unterstützungskasse.

STEUERRÜCKSTELLUNGEN

Steuerrückstellungen zählen zu den **ungewissen Verbindlichkeiten** (Schulden) gegenüber dem Staat, da die Steuer zwar prospektiv berechnet werden kann, das Finanzamt jedoch in seinem Steuerbescheid oder von der eingereichten Steuererklärung abweichen kann – daher sind die Höre der Steuer und deren Fälligkeit ungewiss.

SONSTIGE RÜCKSTELLUNGEN

Zu den **sonstigen Rückstellungen** zählen diejenigen **Aufwendungen** (Rückstellungen), die nicht Pensions- oder Steuerrückstellungen sind. Dazu zählen:

- im Geschäftsjahr unterlassene Aufwendungen (**Aufwandsrückstellungen**) für Instandhaltung (**Instandhaltungsrückstellung**), die im folgenden Geschäftsjahr innerhalb von drei Monaten, oder für Abraumbeseitigung, die im folgenden Geschäftsjahr nachgeholt werden,

sowie

- **Gewährleistungen**, die ohne rechtliche Verpflichtung (sogenannte **Kulanzrückstellung**) erbracht werden wie
  - **Garantierückstellung:** Sind Rückstellungen, die aufgrund ungewisser Inanspruchnahme passiviert werden können. Werden Vertrags-

partner Gewährleistungsansprüche eingeräumt und/ oder möglicherweise gestellt, kann hierfür Kapital eingeschätzt und entsprechend zurückgestellt werden.
- **Prozesskostenrückstellung:** Bei diesen Rückstellungen handelt es sich um drohende Verluste aus schwebenden Gerichtsverfahren; also Verfahren, die erwartet werden bzw. noch nicht abgeschlossen sind.
- **Drohverlustrückstellung:** Sie werden als `Verluste aus sog. schwebenden Geschäften´ bezeichnet, also Geschäften, deren Verträge beidseitig noch nicht unterzeichnet sind. Vorsicht: Passivierungsrecht nur in der Handelsbilanz passiviert.

VERBINDLICHKEITEN

Verbindlichkeiten sind lang- und kurzfristige Schulden. Um einen Einblick in die **Liquiditätslage** eines Unternehmens zu erreichen, muss bei jeder einzelnen Position der Betrag mit der Restlaufzeit bis zu einem oder von mehr als 5 Jahren angegeben werden.

Eventualverbindlichkeiten sind Schulden, die nur unter einer bestimmten Bedingung entstehen. Wichtigste Formen sind Bürgschafts- und Wechselrückgriffsverpflichtungen. Eine echte Schuld entsteht erst, wenn das Unternehmen als Bürge oder im Rückgriff in Anspruch genommen wird. Eventualverbindlichkeiten werden aus diesem Grunde nur unter der Bilanz oder in einer Sonderspalte der Bilanz vermerkt.

Für die Vorsortierung nach Restlaufzeit, Art und Form der Sicherheiten empfiehlt sich die Aufstellung eines Verbindlichkeitsspiegels.

Differenzieren lassen sich:

- LANGFRISTIGE VERBINDLICHKEITEN UND
- KURZFRISTIGE VERBINDLICHKEITEN.

LANGFRISTIGE VERBINDLICHKEITEN

Zu den **langfristigen Verbindlichkeiten** werden die Kredite gegenüber Kreditinstituten gerechnet, die sich über einen langen Zeitraum erstrecken.

Kurzfristige Verbindlichkeiten

Zu den **kurzfristigen Verbindlichkeiten** gehören die Verbindlichkeiten aus Lieferung und Leistung.

Passive Rechnungsabgrenzungsposten

Erträge, die im Betrachtungszeitraum **im Voraus erhalten** und gebucht wurden, aber wirtschaftlich teilweise oder ganz dem neuen Betrachtungszeitraum zuzurechnen sind, werden in der Position **passive Rechnungsabgrenzung** geführt. Im Jahresabschluss sind die betreffenden Ertragskonten wie beispielsweise im Voraus erhaltenen Mieten, Pachten oder Zinsen durch den **passiven Rechnungsabgrenzungsposten** zu korrigieren.

8.5.4 Grundsätze ordnungsmäßiger Bilanzierung

Abbildung 85 - Grundsätze ordnungsmäßiger Bilanzierung

Die Grundsätze ordnungsmäßiger Bilanzierung beschreiben Prinzipien, die den Rahmen der Bilanzierung abstecken.

Gegeneinander abgrenzen lassen sich

- ALLGEMEINE GRUNDSÄTZE ORDNUNGSMÄSSIGER BILANZIERUNG UND
- SPEZIELLE GRUNDSÄTZE ORDNUNGSMÄSSIGER BILANZIERUNG.

ALLGEMEINE GRUNDSÄTZE ORDNUNGSMÄßIGER BILANZIERUNG

Aufgrund gesetzlicher Bestimmungen sind Kaufleute verpflichtet, um den steuerlichen Gewinn zu ermitteln, auf der Grundlage der Grundsätze ordnungsmäßiger Buchführung (GoB)

- für den Jahresabschluss Bücher zu führen,
- klar und übersichtlich die regelmäßigen (jährlichen) Abschlüsse vorzunehmen (§243 Abs. 1 HGB), und diese
- in deutscher Sprache sowie in Euro vorzunehmen (§244 HGB).

Die allgemeinen Grundsätze ordnungsmäßiger Bilanzierung lassen sich unter zwei Aspekten einteilen, deren Konkretisierung sich in unterschiedlichen, grundsätzlichen Bewertungsgrundsätzen von Bilanzpositionen wiederfindet, dem

- MAßGEBLICHKEITSPRINZIP UND
- GRUNDSATZ DER BILANZIERUNG (I.E.S.).

MAßGEBLICHKEITSPRINZIP

Der Grundsatz der Maßgeblichkeit respektive der Grundsatz der Bilanzierung i.w.S. besagt, dass sämtliche wertmäßigen Ansätze der Handelsbilanz grundsätzlich für die Steuerbilanz maßgebend sind. Es wird von der Maßgeblichkeit der Handelsbilanz für die Steuerbilanz gesprochen.

Die Inanspruchnahme bestimmter steuerlicher Vergünstigungen ist davon abhängig, dass diese betreffenden (Vermögens-)Gegenstände auch in der Handelsbilanz mit denselben niedrigeren Werten berücksichtigt werden; das heißt steuerliche Wahlrechte dürfen lediglich dann ausgeübt werden, wenn sie auch in der Handelsbilanz entsprechend angesetzt werden (umgekehrte Maßgeblichkeit, §254 HGB, §5 Abs. 1 Satz 2 EStG).

GRUNDSATZ DER BILANZIERUNG (I.E.S.)

Als Grundsatz der Bilanzierung i.e.S. für die Bewertung nach §252 Abs. 1 HGB gelten die

- Bilanzwahrheit,
- Bilanzklarheit,
- Bilanzkontinuität und
- Bilanzierung nach dem Grundsatz der Vorsicht.

Bilanzwahrheit

Eine absolute Wahrheit gibt es nicht! Die Bilanzwahrheit hängt vom Zweck der Bilanz ab, ohne dass hierin eine Willkür gesehen werden darf.

Sie soll die Aktivitäten des gesamten Unternehmens im Betrachtungszeitraum widerspiegeln.

Zum **Grundsatz der Bilanzwahrheit** gehört

- das Verbot, fiktive oder falsche Positionen auszuweisen,
- die Richtigkeit im Sinne einer im Rahmen von Bewertungswahlrechten stattfindenden Bewertung,
- die Vollständigkeit der Bilanz (unter Berücksichtigung von Bilanzwahlrechten und –verboten).

Bilanzklarheit

Der **Grundsatz der Bilanzklarheit** stellt darauf ab, einen möglichst sicheren Einblick in die Vermögens-, Finanz- und Ertragslage eines Unternehmens zu gewähren; dies wird erreicht durch

- eine klare und übersichtliche Gliederung der Bilanz,
- den Bruttoausweis bestimmter saldierter Positionen sowie
- eine eindeutige Benennung der Bilanzpositionen.

Bilanzkontinuität

Der **Grundsatz der Bilanzkontinuität** fordert eine Stetigkeit bei der Aufstellung der Schlussbilanz und der nachfolgenden Eröffnungsbilanz. Dieses Prinzip wurde bisher nur einmal im Rahmen der Währungsunion am 3. Juli 1990 durchbrochen.

Die Bilanzkontinuität wird differenziert in die

- FORMELLE BILANZKONTINUITÄT UND
- MATERIELLE BILANZKONTINUITÄT.

FORMELLE BILANZKONTINUITÄT

Die formelle Bilanzkontinuität fixiert die Beibehaltung der Form einer Bilanz, insbesondere der Bilanzgliederung. Durch diesen Grundsatz des Bilanzzusammenhangs beziehungsweise Bilanzidentität wird eine Gleichheit der Schlussbilanz und der nachfolgenden Eröffnungsbilanz gewährleistet.

MATERIELLE BILANZKONTINUITÄT

Die materielle Bilanzkontinuität ist gewahrt, wenn eine Gleichmäßigkeit der Bewertungsgrundsätze und eine Fortführung der bestehenden Wertansätze (Wertzusammenhang) gesichert sind. Es wird auch vom Grundsatz der Unternehmensfortführung gesprochen.

BILANZIERUNG NACH DEM GRUNDSATZ DER VORSICHT

Ziel des Grundsatzes der kaufmännischen Vorsicht ist die langfristige Sicherung und Erhaltung der Substanz eines Unternehmens unter dem Gesichtspunkt des Gläubigerschutzes (§252 Abs.1 Nr. 4 HGB).

Entsprechend des Grundsatzes der kaufmännischen Vorsicht sind auszuweisen

- die Vermögensgegenstände (Aktiva) eher zu niedrig als zu hoch (Niederstwertprinzip)[16],
- die Schulden (Passiva) eher zu hoch als zu niedrig (Höchstwertprinzip)[17].

---

[16] Vgl. zu `Niederstwertprinzip´ Kapitel 8.5.5 in diesem Band der Reihe.

Spezielle Grundsätze ordnungsmäßiger Bilanzierung

Die speziellen Grundsätze ordnungsmäßiger Bilanzierung stellen auf die zeitpunktbezogene Beurteilung des Bilanzierungsansatzes in Bezug auf die Vermögensgüter und Kapitalanteile ab.

So ist eine Einteilung vorzunehmen in

- Aktivierungsgrundsätze und
- Passivierungsgrundsätze.

Aktivierungsgrundsätze

Grundsätzlich hat der Bilanzierende Vermögensgüter zu aktivieren (Aktivierungsgrundsatz des §246 Abs. 1 HGB).

Zu den Vermögensgütern zählen sowohl Vermögensgegenstände

- als Gegenstände in bürgerlich-rechtlichen Sinne,
- als auch die Güter, über die der Bilanzierende wirtschaftlich verfügen kann, das heißt die er überwiegend nutzt.

Zu den Aktivierungsmerkmalen zählen

- das wirtschaftliche Eigentum, die formal-rechtliche Betrachtung des Eigentums ist dabei sekundär,
- die Fähigkeit zukünftige Umsätze zu alimentieren,
- die selbständige Bewertbarkeit des Vermögensguts sowie
- der entgeltliche Erwerb immaterieller Güter wie beispielsweise der derivative Geschäftswert.

Ob ein Vermögensgut zu aktivieren ist, ist abhängig vom Vermögensgut selbst sowie vom Zeitpunkt, zu dem es dem Vermögen des Bilanzierenden zuzurechnen ist:

Für die Vermögenszurechnung ist das wirtschaftliche Eigentum nach den Grundsätzen ordnungsmäßiger Buchführung maßgebend und nicht das recht-

---

[17] Vgl. zu `Höchstwertprinzip´ Kapitel 8.5.5 in diesem Band der Reihe.

liche Eigentum. Das Prinzip des wirtschaftlichen Eigentums gilt als gegeben, wenn der Bilanzierende im wirtschaftlichen Sinne tatsächlich über das Vermögensgut verfügen kann. Dies ist dann der Fall, wenn der Bilanzierende den rechtlichen Eigentümer im Regelfall für die gewöhnliche Nutzungsdauer von der Einwirkung auf die Wirtschaftsgüter ausschließen kann.

Auch das Steuerrecht stellt auf die tatsächliche Herrschaft über das (Wirtschafts-)Gut ab. (§39 Abs. 2 Satz 1 AO)

Erträge und Aufwendungen sind betrachtungszeitraumgerecht abzugeben, das heißt erst mit der Erbringung einer Leistung und deren Verwertung findet ein Ertrag (Umsatz) im Unternehmen statt.

In der GuV-Rechnung sind diesem Ertrag die für diesen Vorgang veranlassten Aufwendungen gegen zurechnen. Der Gewinn ermittelt sich als Differenz zwischen Ertrag und zugehörigen Aufwendungen. Bis zum Ausweis des Ertrags müssen sämtliche angefallenen Aufwendungen aktiviert, das heißt alimentiert werden. Es gilt das Aktivierungsprinzip, das Prinzip der Umsatzalimentierungsfähigkeit, das heißt es werden alle bereits angefallenen Aufwendungen aktiviert, die für künftige Betrachtungszeiträume noch einen wirtschaftlichen und erkennbaren Nutzen im Hinblick auf eine künftige Ertragserzielung erbringen.

Die Bewertung von Vermögensgütern hat einzeln zu erfolgen. Die Selbständigkeit der Bewertung beziehungsweise Einzelbewertung als Bewertungsvorschrift[18] weist nicht nur jedem Vermögensgut einen Anschaffungswert(-`kosten´) zu, sondern auch dessen Wertentwicklung muss sich zu anderen Vermögensgütern abgrenzen und verfolgen lassen.

---

[18] Vgl. Kapitel 8.5.5 Bewertungsgrundsätze, -maßstäbe und -vorschriften in diesem Band der Reihe.

Selbsterstellte immaterielle Güter wie beispielsweise Patente, Markenrechte, Lizenzen sind generell nicht bewertbar und dürfen nicht als Vermögensgüter aktiviert werden (§248 Abs. 2 HGB). Nur der entgeltliche Erwerb von immateriellen Gütern ist in der Höhe der Anschaffungs`kosten´ zu aktivieren, nicht dagegen deren Herstellungs`kosten´.

In einer Bilanz kommen somit nicht zum Ansatz Aufwendungen für

- Schutzrechte, Verfahrenstechniken und anderes Know-how,
- den Aufbau einer effizienten Organisation,
- die Qualität des Managements sowie
- einen Kundenstamm.

Selbsterstellte Sachanlagen müssen angesetzt werden.

Passivierungsgrundsätze

Mit den Grundsätzen der Passivierung (Passivierungsgrundsätze) lassen sich bestimmen der

- Umfang der Schulden und
- Zeitpunkt der Passivierungspflicht.

Umfang der Schulden

Der Umfang der Schulden umfasst sowohl die rechtlich einklagbaren Verpflichtungen als auch faktische und rein ethische Verpflichtungen.

Rechtlich einklagbare Verpflichtungen sind solche, denen ein Rechtsgeschäft wie beispielsweise ein Vertrag zugrunde liegt, die passiviert werden müssen.

Faktische (Umwelt)-Verpflichtungen (ohne behördliche Auflagen) unterliegen ebenso der Passivierungspflicht wie Gewohnheitszuwendungen an die Arbeitnehmer, ohne dass für diese ein Rechtsgrund besteht.

Zeitpunkt der Passivierungspflicht

Der Zeitpunkt der Passivierungspflicht bestimmt sich aus dem Zeitpunkt der wirtschaftlichen Veranlassung für künftige Aufwendungen. Passiviert werden generell nur künftige Aufwendungen. Voraussetzung für eine Passivierung künftiger Aufwendungen ist dabei die Verbundenheit der künftigen Aufwendungen mit bereits realisierten Erträgen.

Je nach Bilanzart werden nur solche wirtschaftlichen Belastungen erfasst, die mit einer gewissen objektiven Wahrscheinlichkeit (Objektivierungsgrundsatz) zu einer künftigen Aufwendung führen werden.

In der Steuerbilanz werden grundsätzlich nur Außenverpflichtungen passiviert, das heißt, dass ein Dritter einen rechtlichen oder faktischen Anspruch auf künftige Aufwendungen besitzen muss.

In der Handelsbilanz werden auch Innenverpflichtungen passivierungsfähig (§249 Abs. 2 HGB).

Zu den Passivierungsmerkmalen zählen

- die selbständige Bewertbarkeit des Kapitalguts,
- der Zeitpunkt der Passivierung, der nicht mit dem rechtlichen Entstehungszeitpunkt deckungsgleich zu sein hat (wirtschaftliche Veranlassung) sowie
- Schulden, die rechtlich existieren als auch solche die faktisch vorhersehbar (antizipativ) sind.

8.5.5 Bewertungsgrundsätze, -maßstäbe und -vorschriften

Abbildung 86 - Bewertungsgrundsätze, -maßstäbe und –vorschriften

- BEWERTUNGSGRUNDSÄTZE, -MASSTÄBE UND -VORSCHRIFTEN
  - …BEWERTUNG/ GRUNDSÄTZE DER BEWERTUNG
    - …REALISATIONSPRINZIP
    - …IMPARITÄTSPRINZIP
      - …ANSCHAFFUNGSPRINZIP
      - …NIEDERSTWERTPRINZIP
        - …STRENGES NIEDERSTWERTPRINZIP
        - …GEMILDERTES NIEDERSTWERTPRINZIP
    - …HÖCHSTWERTPRINZIP
  - …MAßSTÄBE DER BEWERTUNG
    - …ANSCHAFFUNGS'KOSTEN'
    - …HERSTELLUNGS'KOSTEN'
    - …FORTGEFÜHRTE ANSCHAFFUNGS- ODER HERSTELLUNGS'KOSTEN'
    - …TAGESWERT
    - …BEIZULEGENDER WERT
  - …TEILWERT
  - …BEWERTUNGSVORSCHRIFTEN
    - …EINZELBEWERTUNG
    - …FESTBEWERTUNG
  - …SAMMELBEWERTUNG
    - …DURCHSCHNITTSBEWERTUNG
  - …VERBRAUCHSFOLGEVERFAHREN

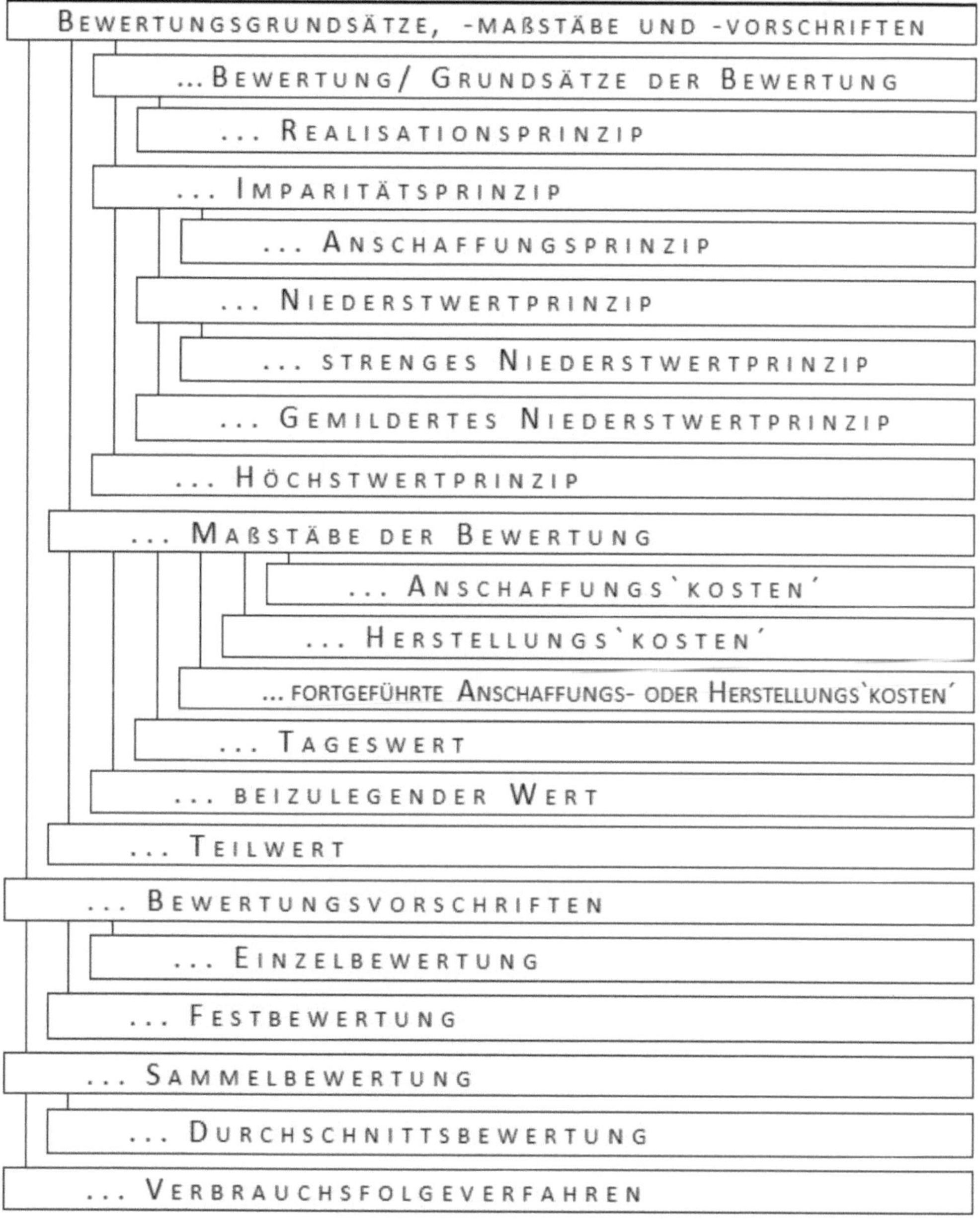

Bevor auf die eigentliche Erstellung einer Bilanz eingegangen werden kann, müssen geklärt werden die

- BEWERTUNG UND GRUNDSÄTZE DER BEWERTUNG,
- MAßSTÄBE DER BEWERTUNG UND
- BEWERTUNGSVORSCHRIFTEN.

BEWERTUNG UND GRUNDSÄTZE DER BEWERTUNG

Eine **Bewertung** vorzunehmen bedeutet, eine subjektive Zuordnung von Geldbeträgen zu Wirtschaftsgütern (steuerrechtliche Bezeichnung), beziehungsweise Vermögens- und Kapitalteilen der Bilanz (handelsrechtliche Bezeichnung) beizuordnen. Die **Grundsätze der Bewertung** beschreiben Prinzipien der geldbetragsmässigen Beiordnung von Vermögens- und Kapitalteilen in der Bilanz. Beide Prinzipien führen zum Ausweis nicht realisierter Verluste und sind geprägt vom Grundsatz der Vorsichtigkeit der Bilanzierung. Sie werden eingeteilt in das

- REALISATIONSPRINZIP SOWIE DAS
- IMPARITÄTSPRINZIP.

REALISATIONSPRINZIP

Das **Realisationsprinzip** besagt, dass Gewinne nur dann auszuweisen sind, wenn sie tatsächlich eingetreten sind. Dieses Prinzip wird erweitert durch das Imparitätsprinzip.

IMPARITÄTSPRINZIP

Das **Imparitätsprinzip** beziehungsweise **Vorsichtsprinzip** verbietet den Ausweis nicht realisierter Erträge (Gewinne), schreibt jedoch vor, nicht realisierte, aber drohende Aufwendungen (Verluste) auszuweisen. Das Imparitätsprinzip besitzt die Ausprägungsformen das

- ANSCHAFFUNGSPRINZIP,
- NIEDERSTWERTPRINZIP UND

- HÖCHSTWERTPRINZIP.

ANSCHAFFUNGSPRINZIP

Das **Anschaffungsprinzip** stellt heraus, dass bei der Bewertung von Vermögensgütern zum Bilanzstichtag die Anschaffungs- beziehungsweise Herstellungs`kosten´ nicht überschritten werden dürfen (§253, Abs.1 HGB).

Diese Bewertungsobergrenze stellt sicher, dass am Bilanzstichtag ausschließlich realisierte Erträge (Gewinne) ausgewiesen werden, so dass eingetretene Wertsteigerungen nicht in der Bilanz ausgewiesen werden dürfen (sog. **stille Reserven**).

Erst mit der Veräußerung des Vermögensguts dürfen die so entstandenen Erträge (Gewinne) in der Bilanz ausgewiesen und somit ausgeschüttet werden. Nicht realisierte Erträge (Gewinne) sind keine Erträge (Gewinne)!

NIEDERSTWERTPRINZIP

Das **Niederstwertprinzip** bezieht sich auf das Anlage- und Umlaufvermögen (Aktivseite der Bilanz). Stehen zwei Bewertungsmöglichkeiten zum Bilanzstichtag zur Verfügung, so ist der niedrigere Wert des Vermögens anzusetzen. Das Niederstwertprinzip kennt im Rahmen der gesetzlichen Vorschriften zwei Differenzierungen in das

- STRENGES NIEDERSTWERTPRINZIP UND
- GEMILDERTES NIEDERSTWERTPRINZIP.

STRENGES NIEDERSTWERTPRINZIP

Das **strenge Niederstwertprinzip** gilt für nicht- und abnutzbares Anlagevermögen und Umlaufvermögen, bei denen von mehreren möglichen Wertansätzen der niedrigere Wert angesetzt werden muss (§253 Abs. 2, 3 HGB). Bei abnutzbaren Gütern des Anlagevermögens müssen neben einer planmäßigen Wertminderung, bei dauernder Wertminderung auch außerplanmäßige Abschreibungen vorgenommen werden.

GEMILDERTES NIEDERSTWERTPRINZIP

Das **gemilderte Niederstwertprinzip** besagt, dass Nicht-Kapitalgesellschaften bei vorübergehender (auch außerplanmäßiger) Wertminderung den niedrigeren Wert ansetzen dürfen. Dieses Wahlrecht gilt bei Kapitalgesellschaften nur für Vermögensteile der Finanzanlagen, das heißt im sonstigen Anlagevermögen sind bei lediglich vorübergehender Wertminderung keine außerplanmäßigen Abschreibungen zulässig. Entfällt der Grund für die außerplanmäßige Wertminderung, so dürfen Nicht-Kapitalgesellschaften den niedrigeren Wert beibehalten (Beibehaltungswahlrecht), während Kapitalgesellschaften eine **Wertaufholung** vorzunehmen haben, unter Berücksichtigung einer bis dahin planmäßigen Wertminderung (Abschreibung), die zwischenzeitlich vorzunehmen gewesen wäre.

Dieses Wertaufholungsgebot für Kapitalgesellschaften wird jedoch zum Wahlrecht, wenn aus steuerrechtlichen Gründen der Gewinnermittlung der niedrigere Wertansatz beibehalten werden kann. Voraussetzung hierfür ist, dass der niedrigere Wertansatz auch unter handelsrechtlichen Gesichtspunkten bezüglich des Jahresabschlusses beibehalten wird.

HÖCHSTWERTPRINZIP

Das **Höchstwertprinzip** bezieht sich auf das Kapital (Passivseite der Bilanz) und fordert, dass Schulden (Verbindlichkeiten) dann mit dem jeweiligen höheren Wert anzusetzen sind, wenn Unterschiede zwischen dem ursprünglichen begründeten Nennwert und dem mit hoher Wahrscheinlichkeit zu erwartenden Rückzahlungsbetrag der Verbindlichkeit erkennbar werden.

Maßstäbe der Bewertung

Während die Bewertung als subjektive Zuordnung von Geldbeträgen zu Wirtschaftsgütern bezeichnet wird, stellen Bewertungsmaßstäbe Richtlinien auf, um die Ermittlung der zugeordneten Geldbeträge intersubjektiv nachprüfbar zu gestalten.

Unterschiedliche Anwendungen der Bewertungsmaßstäbe resultieren aus verschiedenen Bewertungsvorschriften in den Gesetzestexten, die bei der Bewertung entsprechend durch `Kosten´ zu berücksichtigen sind. Diese in Gesetzestexten titulierten `Kosten´ sind jedoch streng betriebswirtschaftlich gesehen Aufwendungen, weshalb im Folgenden `Kosten´ in Hochkomma geschrieben werden (vgl. Differenzierung zwischen Aufwand und Kosten[19])! Bewertungsmaßstäbe lassen sich handels- und steuerrechtlich differenzieren in

- Anschaffungs`kosten´,
- Herstellungs`kosten´,
- fortgeführte Anschaffungs- oder Herstellungs`kosten´,
- Tageswert,
- beizulegender Wert und
- Teilwert.

---

[19] Grundbegriffe der Kosten- und Leistungsrechnung, Kapitel 9.2 in Band 8 dieser Reihe.

ANSCHAFFUNGS`KOSTEN´

Im Unternehmen erworbene Vermögensgegenstände werden zu **Anschaffungs`kosten´** bewertet (§255 Abs.1 HGB). Sie stellen eine Obergrenze der Bewertung dar, die nicht überschritten werden darf. Anschaffungs`kosten´ sind sämtliche Aufwendungen, die geleistet werden, um einen Vermögensgegenstand zu erwerben und diesen in einen betriebsbereiten Zustand zu setzen, soweit sie dem Vermögensgegenstand einzeln zugeordnet werden können.

Die Anschaffungs`kosten´ werden nach folgenden Nettogrößen ermittelt:

	(Anschaffungs-)Preis
+	(Anschaffungs-)Neben`kosten´
+	evtl. nachträgliche (Anschaffungs-)`Kosten´
./.	(Anschaffungs-)`Kosten´minderung
=	Anschaffungs`kosten´[20]

Die einzelnen Komponenten der Ermittlung der Anschaffungs`kosten´ sind

- (ANSCHAFFUNGS-)PREIS,
- (ANSCHAFFUNGS-)NEBEN`KOSTEN´,
- NACHTRÄGLICHE (ANSCHAFFUNGS-)`KOSTEN´ UND
- (ANSCHAFFUNGS-)`KOSTEN´MINDERUNGEN.

---

[20] Anmerkung: Die abziehbare Vorsteuer gehört nicht, die nicht abziehbare Vorsteuer gehört zu den Anschaffungs`kosten´ eines Wirtschaftsgutes (§ 9b Abs. 1 EStG i.V.m. § 15 UStG). Ebenso gehören zu den Anschaffungs`kosten´ keine Geldbeschaffungskosten wie beispielsweise Zinsen, Wechseldiskont oder Damnum. Bei der Anschaffung von Immobilien sind die Anschaffungs`kosten´ aufzuteilen auf den Grund und Boden sowie die Gebäude, da nur die Gebäude einem Werteverlust unterliegen.

(Anschaffungs-)Preis

Der Kaufpreis beinhaltet alle Größen, die der Käufer aufwendet, um den Vermögensgegenstand zu erhalten (abzüglich anrechenbarer Vorsteuer).

(Anschaffungs-)Neben`kosten´

Zu den Neben`kosten´ werden sämtliche Aufwendungen gerechnet, die im Zusammenhang mit der Anschaffung bis zur Betriebsbereitschaft des Vermögensgegenstandes stehen. Zu nennen sind Fracht-, Ausfuhr-, Ablade- und Montageaufwendungen, Provisionen, Versicherungen, Zölle sowie speziell für Immobilien Vermessungs-, Notar- und Grundbuchgebühren, Maklerprovision und Grunderwerbsteuer.

Nachträgliche (Anschaffungs-)`Kosten´

Nach der Inbetriebnahme von Vermögensgegenständen können weitere Aufwendungen entstehen wie beispielsweise Umbau- und Ausbauaufwendungen, Veränderungsaufwendungen, Erschließungs- sowie Straßenbauaufwendungen.

(Anschaffungs-)`Kosten´minderungen

Gekürzt werden die Anschaffungs`kosten´ um Verringerungen von Aufwendungen wie Preisnachlässe, Skonti, Rabatte sowie Boni.

Herstellungs`kosten´

Im Unternehmen selbst erstellte Vermögensgegenstände sind zu Herstellungs`kosten´ zu bewerten und zu aktivieren.

Abbildung 87 - Komponenten zur handels- und steuerrechtlichen Ermittlung der Herstellungs`kosten´

Herstellungs`kosten´	handelsrechtlich §255 Abs. 2,3 HGB	steuerrechtlich Abschnitt 33 EStR
Materialeinzel`kosten´	Pflicht	Pflicht
+ Einzel`kosten´ der Leistungserstellung	Pflicht	Pflicht
+ Sondereinzel`kosten´ der Leistungserstellung	Pflicht	Pflicht
= handelsrechtliche	Wertuntergrenze	
+ Materialgemein`kosten´	Wahlrecht	Pflicht
+ Gemein`kosten´ der Leistungserstellung	Wahlrecht	Pflicht
= steuerrechtliche		Wertuntergrenze
+ Verwaltungsgemein`kosten´	Wahlrecht	Wahlrecht
+ Aufwendungen für betriebl. soziale Leistungen	Wahlrecht	Wahlrecht
+ direkte, mit der Herstellung verbundene Fremdkapitalzinsen[21]	Wahlrecht	Wahlrecht
= handels- und steuerrechtliche	Wertobergrenze	Wertobergrenze
+ Verwertungsgemein`kosten´	Verbot	Verbot

Herstellungs`kosten´ im Finanzbuchhaltungsbereich (§255 Abs. 2 HGB) sind **Aufwendungen**, die durch den Verbrauch von Gütern in Form von Sach- und/oder Dienstleistungen für die **Herstellung eines Vermögensgegenstands**, seine Erweiterung oder eine wesentliche, über den ursprünglichen Zustand hinausgehende Verbesserung entstehen. Der Umfang der Herstellungs`kosten´ ist handels- und steuerrechtlich unterschiedlich. Die einzelnen Komponenten zur Ermittlung der Herstellungs`kosten´ nach handels- und steuerrechtlichen Kriterien veranschaulicht die vorstehende Abbildung.

Die Praxis unterscheidet selten handels- und steuerrechtliche Herstellungs`kosten´, das heißt die Unternehmen setzen die steuerrechtlich aktivierungspflichtigen Herstellungs`kosten´ auch handelsrechtlich an.

Die einzelnen Komponenten zur Ermittlung der Herstellungs`kosten´ lassen sich grob einteilen in:

- Einzel`kosten´ und
- Gemein`kosten´.

Einzel`kosten´

Als Einzel`kosten´ im Finanzbuchhaltungsbereich gelten jene Aufwendungen, die nach dem Veranlassungsprinzip einem Objekt (Produkt, Kostenträger, Kostenstelle usw.) *direkt* (stückvariabel) zugerechnet werden können.

Im speziellen Fall der **Sondereinzel`kosten´ im Finanzbuchhaltungsbereich** werden Aufwendungen angesehen, die aufgrund ihres verfahrenstechnischen Einsatzes gesondert ermittelt werden können. Gegenüber den Einzel`kosten´ können diese Aufwendungen produktart-, serien- oder auftragsvariabel sein, demzufolge für eine Produktart, eine Serie oder einem Auftrag veranlassungsgerecht berücksichtigt werden.

Gemein`kosten´

Gemein`kosten´ im Finanzbuchhaltungsbereich sind Aufwendungen, die für mehr als ein Objekt gemeinsam entstehen, somit lediglich über Zwischenrechnungen zuordenbar sind.

Zu unterscheiden sind:

- Materialeinzel`kosten´,
- Einzel`kosten´ der Leistungserstellung,
- Sondereinzel`kosten´ der Leistungserstellung,

- MATERIALGEMEIN`KOSTEN´,
- GEMEIN`KOSTEN´ DER LEISTUNGSERSTELLUNG,
- VERWALTUNGSGEMEIN`KOSTEN´ UND
- VERWERTUNGS`KOSTEN´.

MATERIALEINZEL`KOSTEN´

Materialeinzel`kosten´ im Finanzbuchhaltungsbereich sind die Aufwendungen für Material, die direkt einem Objekt zugerechnet werden.

EINZEL`KOSTEN´ DER LEISTUNGSERSTELLUNG

Einzel`kosten´ der Leistungserstellung im Finanzbuchhaltungsbereich sind Aufwendungen für Personal, die direkt einem Objekt zugerechnet werden.

SONDEREINZEL`KOSTEN´ DER LEISTUNGSERSTELLUNG

Sondereinzel`kosten´ im Finanzbuchhaltungsbereich sind Aufwendungen die objektindividuell auftreten und aufgrund ihres verfahrenstechnischen Einsatzes gesondert ermittelt werden.

MATERIALGEMEIN`KOSTEN´

Materialgemein`kosten´ im Finanzbuchhaltungsbereich sind Aufwendungen für Material, die einem Kostenträger oder einer Kostenstelle lediglich indirekt über Schlüssel (Aufschlag) zugerechnet werden können (beispielsweise **Hilfsstoffe** oder **Betriebsstoffe**)

GEMEIN`KOSTEN´ DER LEISTUNGSERSTELLUNG

Gemein`kosten´ der Leistungserstellung im Finanzbuchhaltungsbereich sind Aufwendungen, die für mehr als ein Objekt gemeinsam anfallen und ausschließlich über Zwischenrechnungen zuzuordnen sind.

Verwaltungsgemein`kosten´

Verwaltungsgemein`kosten´ im Finanzbuchhaltungsbereich sind Aufwendungen, die in der Verwaltung eines Betriebs anfallen und keinem Objekt direkt zurechenbar sind.

Verwertungs`kosten´

Verwertungsgemein`kosten´ im Finanzbuchhaltungsbereich sind Aufwendungen, die bei der Verwertung (Vertrieb, Marketing, Empfehlung) eines Betriebs anfallen und keinem Objekt direkt zurechenbar sin.

Fortgeführte Anschaffungs- oder Herstellungs`kosten´

Unter **fortgeführten Anschaffungs- oder Herstellungs`kosten´** werden die um die Absetzung für Abnutzung (AfA) oderfortgeführte Anschaffungs- oder Herstellungs`kosten´ Substanzverringerung gem. §7 EStG verminderten Anschaffungs- und Herstellungs`kosten´ verstanden. Anwendung findet dieser Maßstab im Zusammenhang mit der Bewertung von abnutzbarem Anlagevermögen sowie Einlagen.

Interessant ist dieser Maßstab im Zusammenhang mit der Bewertung von abnutzbarem Anlagevermögen sowie Einlagen.

Berechnen lassen sich die **fortgeführten Anschaffungs- oder Herstellungs`kosten´** wie folgt:

```
            Anschaffungs-/ Herstellungs`kosten´
   ./.      AfA (planmäßige oder außerplanmäßige Abschr.)
   =        fortgeführte Anschaffungs-/ Herstellungs`kosten´
```

Bezüglich der **Absetzung für Abnutzung (AfA)** oder Substanzverringerung gem. §7 EStG wird unterschieden in eine:

- Planmäßige Abschreibung und
- Außerplanmäßige Abschreibung.

Planmäßige Abschreibung

Ausschließlich abnutzbare Vermögensgegenstände unterliegen der planmäßigen Abschreibung. Dabei werden die Anschaffungs- oder Herstell`kosten´ nicht als einmaliger Aufwand gesehen, sondern auf Zeit- oder Leistungseinheiten verteilt mit unterschiedlichen **Abschreibungssatzen**. Der damit entstandene partielle Aufwand wird auf wirtschaftliche Zeiträume zugeordnet. (§253 Abs.3 HGB, §7 EStG)

Außerplanmäßige Abschreibung

Bei abnutzbaren und immateriellen Vermögensgegenständen können auch nicht vorhersehbare Situationen (Havarien, technischer Fortschritt, Nachfragerückgang) als **außerplanmäßige Abschreibung** registriert werden. Dabei wird bei dauerhafter Wertminderung der Vermögensteil als einmaliger Aufwand erfasst. Bei nicht dauerhafter Wertminderung besteht ein Abschreibungsverbot!

Bei Finanzanlagen müssen bei dauerhafter Wertminderung außerplanmäßige Abschreibungen vorgenommen werden. Wertaufholungen bis zu den Anschaffungs`kosten´ sind möglich.

Tageswert

Der **Tageswert** ist der sich zum Zeitpunkt der Wertermittlung zur Bilanzierung auf einem Markt gebildete Preis unter Berücksichtigung entsprechender `Kosten´. Differenziert werden kann zwischen dem

- Marktpreis/ Marktwert und
- Börsenpreis/ Börsenwert.

Marktpreis/ Marktwert

Der **Marktpreis** ist der sich auf einem bestimmten Handelsplatz, zu einem bestimmten Zeitpunkt oder Zeitraum festgestellte Preis für Güter einer bestimmten Gattung von mittlerer Art und Güte.

Der **Marktwert** leitet sich aus dem Marktpreis abzüglich der Anschaffungsneben`kosten´ am Beschaffungsmarkt beziehungsweise zuzüglich der Verkaufsspesen am Verkaufsmarkt ab.

Börsenpreis/ Börsenwert

Der **Börsenpreis** ist der sich an einer amtlichen Börse oder im Freiverkehr, zu einem bestimmten Zeitpunkt oder Zeitraum festgestellte Kurs für Wertpapiere oder Güter einer bestimmten Gattung von mittlerer Art und Güte; ein Geld- oder Briefkurs reicht nicht aus.

Aus einem Börsenpreis kann der **Börsenwert** ermittelt werden, wenn dem Börsenpreis die Anschaffungsneben`kosten´ bei der Beschaffung und die Verkaufsspesen bei der Verwertung berücksichtigt werden.

Beizulegender Wert

Bei dem handelsrechtlichen beizulegenden Wert handelt es sich um eine dem Gegenstand am Abschlussstichtag beizuordnende monetäre Größe. Für die Bewertung von Gegenständen des Beschaffungsmarkts wird der Wiederbeschaffungswert und für die Bewertung von Gegenständen des Absatzmarkts wird der Verkaufswert abzüglich sich ergebender Aufwendungen beigelegt. Dabei kann es sich handeln um den

- Wiederbeschaffungswert und
- Verkaufswert.

Wiederbeschaffungswert

Der **Wiederbeschaffungswert** wird durch die Aufwendungen ermittelt, die notwendig sind, ein aus dem Unternehmen ausgeschiedenes Wirtschaftsgut zu ersetzen.

Verkaufswert

Der Verkaufswert lässt sich durch den Verkaufspreis unter Berücksichtigung zusätzlich anfallender Aufwendungen ermitteln.

Teilwert

Der **Teilwert** ist ein steuerrechtlich geprägter Wertbegriff. Der Teilwert ist der Betrag, den ein Erwerber des ganzen Betriebs im Rahmen des Gesamtkaufpreises für das einzelne Wirtschaftsgut ansetzen würde; dabei ist davon auszugehen, dass der Erwerbende den Betrieb fortführt (§6 Abs. 1 Nr. 1 Satz 3 EStG i.V.m. §1 BewG). Dem Teilwert liegen die drei Annahmen zugrunde, dass

- ein fiktiver Käufer vorhanden ist,
- der Betrieb als Ganzes veräußert wird und
- der Betrieb fortgeführt werden soll.

Aufgrund der unpraktikablen Werteinschätzung eines Betriebs, solange er nicht veräußert wird, empfiehlt die Rechtsprechung die Verwendung von Teilwertvermutungen, das heißt

- zum Anschaffungszeitpunkt und kurze Zeit danach entspricht das Anlagevermögen den Anschaffungs- und Herstellungs`kosten´;
- zu einem späteren Zeitpunkt werden für nicht abnutzbare Anlagegüter die Anschaffungs`kosten´, für abnutzbare Anlagegüter ein um die Absetzung für Abnutzung (AfA) korrigierter Wert angesetzt.
- bei Gütern des Umlaufvermögens entspricht der Teilwert den jeweiligen Wiederbeschaffungs`kosten´.

Bewertungsvorschriften

Nach der Ermittlung der zu bilanzierenden Vermögensgegenstände und im Anschluss an die der Wertermittlung zugrundezulegenden Bewertungsmaßstäbe muss geprüft werden, welches Verfahren der Bewertung angewendet werden kann (Bewertungsmethode, -vorschrift). Die Wahl der unterschiedlichen Methoden ist gesetzlich eingeschränkt, da sich die Bewertungsverfahren gegenseitig ausschließen, beziehungsweise bestimmte Konstellationen zur Bewertung vorliegen müssen. Formen der Bewertung sind die:

- Einzelbewertung,
- Festbewertung und
- Sammelbewertung.

Einzelbewertung

Vermögensgegenstände und Schulden müssen grundsätzlich einzeln erfasst und bewertet werden (§252 Abs.1 Nr.3 HGB). Die **Einzelbewertung** gilt sowohl handels- als auch steuerrechtlich.

Voraussetzung für eine Einzelbewertung ist, dass die Möglichkeit der Zuordnung der tatsächlich angefallenen Anschaffungs- oder Herstellungs´kosten´ zu den einzelnen Vermögensgegenständen bestehen muss. Die Einzelbewertung wird durchbrochen, wo diese

- praktisch nicht durchführbar (beispielsweise die Bewertung von vermischten Flüssigkeiten) oder
- aufwandsmässig nicht vertretbar (beispielsweise bei Nägeln, Schrauben etc.) ist.

Festbewertung

Bei Gütern des Anlagevermögens und Umlaufvermögens (Roh-, Hilfs- und Betriebsstoffe wie beispielsweise Werkzeuge, Geräte, Hotelgeschirr, ´eiserne Bestände´) die sich bestands- und wertmäßig nur geringfügig ändern, können gleich bleibende Mengen und gleichbleibende Werte angesetzt werden.

Die **Festbewertung** stellt eine Erleichterung der Wert- und Mengenermittlung der Gestalt dar, dass eine Inventur lediglich dreijährig notwendig ist. Trotz Wertdifferenzen von bis zu 10% können die Werte beibehalten werden, wenn die jeweiligen Differenzen direkt als Aufwand gewinnmindernd angesetzt werden.

Steuerlich ist dieses Bewertungsverfahren zulässig, wenn Festwerte lediglich der Erleichterung der Inventur und der Bewertung dienen. Zum Ausgleich von Preisschwankungen (Preissteigerungen) ist dieses Verfahren nicht zulässig!

Sammelbewertung

Die **Gruppen-** beziehungsweise **Sammelbewertung** darf durchbrochen werden, wenn nachgewiesen werden kann, dass eine diesbezügliche Durchführung in keinem Verhältnis zum Aufwand steht (beispielsweise bei Anschaffung von Roh-, Hilfs- und Betriebsstoffen sowie Handelswaren zu unterschiedlichen Preisen und zu verschiedenen Zeitpunkten).

Die Sammelbewertung stellt eine Vereinfachung der Wertermittlung dar, die auf einer genauen Mengenfeststellung beruht.

Sämtliche Sammelbewertungen sind handelsrechtlich zulässig, sofern sie nicht gegen das Niederstwertprinzip verstoßen und der niedrigere Tageswert angesetzt werden muss.

Bei gleichartigen Roh-, Hilfs- und Betriebsstoffen darf eine Sammelbewertung vorgenommen werden in den Formen:

- Durchschnittsbewertung sowie
- Verbrauchsfolgeverfahren.

Durchschnittsbewertung

Schwanken die jährlichen Einkaufspreise eines Gutes, so ist eine Einzelbewertung nicht möglich, sondern lediglich ein gewogener Durchschnitt. Das Durchschnittsverfahren ist das einfachste Verfahren ist, weshalb es in der Praxis am häufigsten zur Anwendung kommt.

Steuerrechtlich ist das Durchschnitts- und seit 1990 auch das Lifo-Verfahren zulässig. Bei gleichartigen Wirtschaftsgütern darf unterstellt werden, dass die zuletzt angeschafften oder hergestellten Wirtschaftsgüter zuerst veräußert beziehungsweise verbraucht worden sind.

Als Formen der Durchschnittswertermittlung sind zu nennen die

- EINFACHE JÄHRLICHE DURCHSCHNITTSWERTERMITTLUNG UND
- PERMANENTE DURCHSCHNITTSWERTERMITTLUNG.

EINFACHE JÄHRLICHE DURCHSCHNITTSWERTERMITTLUNG

Zur Bestimmung der Durchschnittswerte werden die Anschaffungs`kosten´ des Anfangsbestands und die aller Zugänge durch die Gesamtmenge dividiert (arithmetisches Mittel). Ergebnis dieses Verfahrens sind durchschnittliche Anschaffungs`kosten´ zur Bewertung des Endbestands, sofern der Tageswert des Gutes zum Bilanzstichtag nicht niedriger ist (strenges Niederstwertprinzip).

PERMANENTE DURCHSCHNITTSWERTERMITTLUNG

Die Ermittlung der durchschnittlichen Anschaffungs`kosten´ geschieht durch laufende (permanente) Ermittlung der Mengen nach jedem Lagerzu- und -abgang (Skontrationsmethode zur permanenten Inventur), wobei die Abgänge jeweils mit dem neuesten Durchschnittspreis bewertet werden. Ergebnis dieses Verfahrens sind ständig aktualisierte durchschnittliche Anschaffungs`kosten´, mit denen der Endbestand bewertet wird, sofern der Tageswert des Gutes zum Bilanzstichtag nicht niedriger ist (strenges Niederstwertprinzip).

VERBRAUCHSFOLGEVERFAHREN

Anstelle der Durchschnittsbewertung sind bei gleichartigen Gegenständen des Vorratsvermögens andere Bewertungsverfahren zulässig, wenn sie den Grundsätzen ordnungsmäßiger Bilanzierung entsprechen (§256 HGB). Um sie anwenden zu dürfen ist ein Nachweis der notwendigen oder zwanghaften Verbrauchsfolge von Seiten des Unternehmens notwendig, wobei das strenge Niederstwertprinzip beachtet werden muss.

Die Formen der Verbrauchsfolgeverfahren lassen sich differenzieren nach:

- VERBRAUCHSZEITPUNKTEN,
- HÖHE DER ANSCHAFFUNGS`KOSTEN´ SOWIE NACH
- KONZERNPRIORITÄTEN.

VERBRAUCHSZEITPUNKTEN

Die Verbrauchsfolgeverfahren nach dem Verbrauchszeitpunkt sind das:

- LIFO-VERFAHREN UND
- FIFO-VERFAHREN.

LIFO-VERFAHREN

Das Verfahren ´last in - first out´ (Lifo-Verfahren) unterstellt, dass die zuletzt beschafften Güter auch zuerst veräußert/verbraucht wurden, so dass somit die zuerst beschafften Güter als Endbestand im Unternehmen vorhanden sind (Schüttkegel-Prinzip). Dies bedeutet bei Preissteigerungen, dass die im Unternehmen vorhandenen Güter mit den niedrigsten Preisen bewertet werden, das heißt der Warenbestand mit den niedrigsten Anschaffungs- und Herstellungs`kosten´ angesetzt wird, sofern der Tageswert des Gutes zum Bilanzstichtag nicht niedriger ist (strenges Niederstwertprinzip!).

Bei fallenden Preisen verstößt das Lifo-Verfahren gegen das strenge Niederstwertprinzip und ist deshalb nicht anwendbar.

FIFO-VERFAHREN

Das Verfahren 'first in - first out' (Fifo-Verfahren als Umkehrung des Lifo-Prinzips) unterstellt, dass die zuerst beschafften Güter auch zuerst veräußert/verbraucht wurden, dass somit die zuletzt beschafften Güter als Endbestand im Unternehmen vorhanden sind (Silo-Prinzip). Dies bedeutet bei Preissenkung, dass die im Unternehmen vorhandenen Güter mit den niedrigsten Preisen bewertet werden, das heißt der Warenbestand mit den niedrigsten Anschaffungs- oder Herstellungs`kosten´ angesetzt wird (strenges Niederstwertprinzip!).

Bei stetigen Preissteigerungen verstößt das Fifo-Verfahren gegen das strenge Niederstwertprinzip und ist deshalb nicht anwendbar.

Höhe der Anschaffungs`kosten´

Die Verbrauchsfolgeverfahren nach der Höhe der Anschaffungs`kosten´ sind das

- Hifo-Verfahren und
- Lofo-Verfahren.

Hifo-Verfahren

Das Verfahren 'highest in - first out' unterstellt, dass die mit den höchsten Anschaffungs- und Herstellungs`kosten´ beschafften Güter zuerst veräußert/-braucht wurden und somit die billigsten angeschafften/hergestellten Güter als Endbestand im Unternehmen vorhanden sind.

Bei konstant steigenden Preisen besteht eine Übereinstimmung mit dem Lifo-Verfahren und entsprechend bei konstant sinkenden Preisen eine Übereinstimmung mit dem Fifo- Verfahren.

Lofo-Verfahren

Das Verfahren 'lowest in - first out' (Umkehrung des Hifo- Prinzips) unterstellt, die mit den niedrigsten Anschaffungs- und Herstellungs`kosten´ beschafften Güter zuerst veräußert/-braucht wurden und somit die teuersten angeschafften/ hergestellten Güter als Endbestand im Unternehmen vorhanden sind.

Bei konstant steigenden Preisen stimmt dieses Verfahren mit dem Fifo-Verfahren überein; bei schwankenden Preisen verstößt dieses Verfahren jedoch gegen das Prinzip der (kaufmännischen) Vorsicht.

Bei konstant sinkenden Preisen stimmt dieses Verfahren mit dem Lifo-Verfahren überein.

Konzernprioritäten

Die Verbrauchsfolgeverfahren nach der Priorität im Konzern sind das

- Kifo-Verfahren und
- Kilo-Verfahren.

Kifo-Verfahren

Das Verfahren ´Konzern in - first out´ kann in Konzernen zur Anwendung kommen. Dabei wird unterstellt, dass die konzerninternen Lieferungen (selbsterstellte Güter) zuerst verbraucht werden. Besteht der Endbestand nur noch aus konzernfremden Lieferungen, so entfällt die Zwischengewinneliminierung. Im Allgemeinen ist dieses Verfahren eine Erweiterung der Vorstellung, dass auch konzerninterne Lieferungen in einer bestimmten Verbrauchsfolge ausgebucht wurden (beispielsweise zuerst die mit den höchsten Zwischengewinnen).

Kilo-Verfahren

Das Verfahren ´Konzern in - last out´ ist eine Umkehrung des Kifo-Verfahrens. Es findet ebenfalls ausschließlich Anwendung in Konzernunternehmen. Dabei wird von der Vorstellung ausgegangen, dass die selbsterstellten und konzernintern beschafften Güter zuletzt veräußert/-braucht wurden.

Der Endbestand besteht aus konzerninternen Lieferungen.

8.5.6 Bestandskonten

Die Bilanz ist eine Momentaufnahme als Zeitpunktbetrachtung. Unmittelbar nach diesem Zeitpunkt ändern sich die Bestände des Vermögens und/ oder des Kapitals durch Geschäftsvorfälle. Diese Geschäftsvorfälle ändern Bilanzpositionen unter Wahrung des bilanziellen Gleichgewichts. Als **Bilanzgleichgewicht** wird die summenmäßige Übereinstimmung von Aktiva und Passiva verstanden. Dieses bleibt auch nach Änderungen von Bilanzpositionen erhalten, da jede Änderung einer Position durch eine entsprechende Änderung einer anderen Position ausgeglichen wird.

Abbildung 88 - Desaggregation und Aggregation der Bilanz in Konten

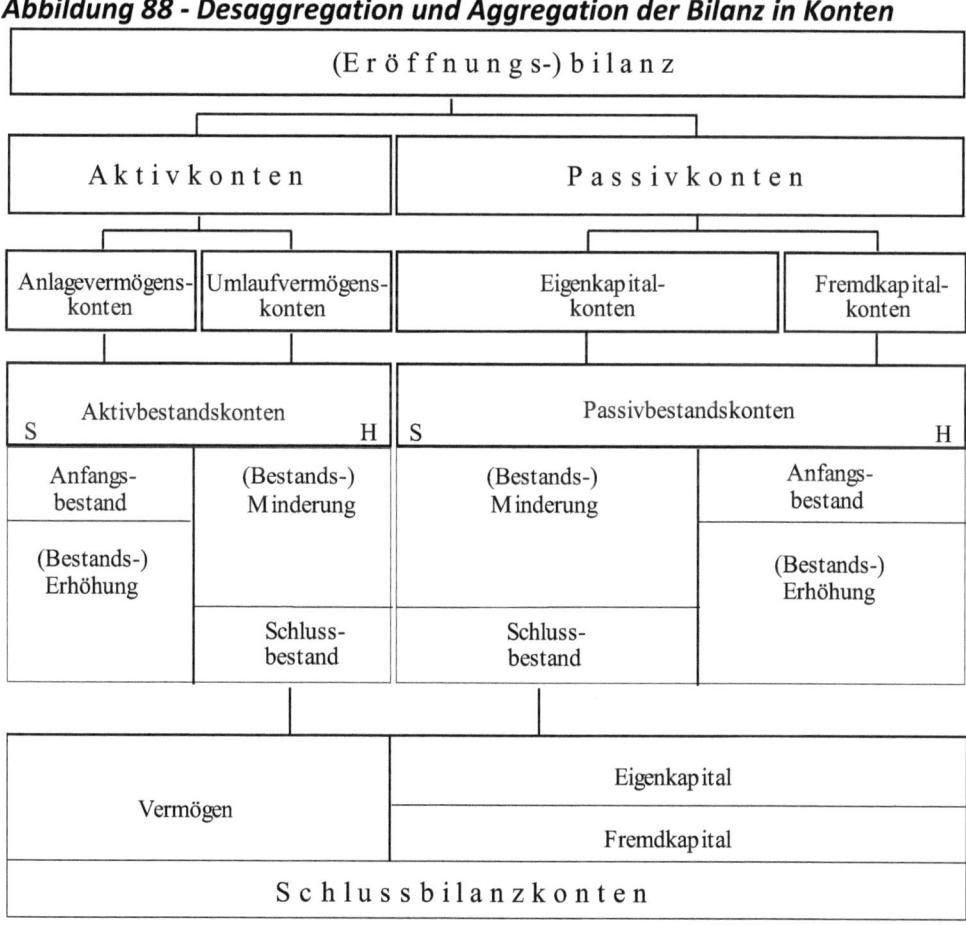

Bestandsveränderungen werden in der Praxis nicht direkt in der Bilanz festgehalten, da damit ein sehr großer Arbeitsaufwand verbunden ist und die Bilanz unübersichtlich wird.

Deshalb wird die Bilanz in **Konten** aufgelöst, das heißt jede Bilanzposition wird mit Hilfe einer eigenen Tabellenbetrachtung übersichtlich und eindeutig nachvollziehbar dargestellt. Jeder Anlage- und Umlaufvermögensposition wird ein Aktivkonto und jeder Eigen- und Fremdkapitalposition ein Passivkonto zugeordnet (Vgl. Abbildung 88).

Die Bestände der Bilanz (**Salden**) werden zunächst auf Konten vorgetragen (sogenannter Saldenvortrag). Die Konten sind Einzelbetrachtungen der verschiedenen Bilanzpositionen.

Aufgrund der Form eines großen `T´, werden diese Konten **T-Konten** genannt.

Wie die Bilanz hat auch jedes Konto zwei Seiten:

- die linke Seite eines Kontos heißt **Soll** (S) und
- die rechte Seite eines Kontos heißt **Haben** (H).

Abbildung 89 - Tabellenbetrachtung jeder Bilanzposition (T-Konto)

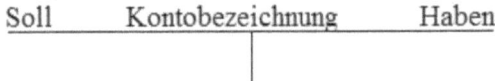

Die Auflösung der Bilanz in Konten wird in bestimmten Arbeitsschritten vollzogen. Nach der

- **Eröffnung der Bestandskonten**, erfolgt während des Geschäftsjahres die
- **Buchung der Geschäftsvorfälle** auf den Bestandskonten, auf denen am Ende des Geschäftsjahres die
- **Abschlussbuchungen der Bestandskonten** vorgenommen werden.

Um diese Schritte nachvollziehbar und fehlerfrei durchzuführen, werden

- unter Einsatz von **Kontenrahmen** Kontenpläne aufgestellt und
- **Buchungssätze** zur eindeutigen Beschreibung verwenden.

Im Folgenden wird daher eingegangen auf:
- BUCHUNGSSATZ,
- KONTENRAHMEN - KONTENPLAN,
- ERÖFFNUNG DER BESTANDSKONTEN,
- BUCHUNGEN AUF BESTANDSKONTEN UND
- ABSCHLUSSBUCHUNGEN DER BESTANDSKONTEN.

BUCHUNGSSATZ

Der **Buchungssatz** gibt kurz und eindeutig an, auf welchen Konten ein Geschäftsvorfall im Soll und im Haben zu buchen ist. Zuerst wird mit dem Wort **per** die Sollseite des Kontos genannt, dann die Habenseite des Kontos. Soll- und Habenbuchung werden durch das Wort **an** verbunden.

> **Buchungssatz**:
>
> *per* Sollkonto *an* Habenkonto (Betrag)

Bei der **Doppelten Buchführung** ist darauf zu achten, dass jeder Geschäftsvorfall zweimal registriert wird: als Soll- und als Habenbuchung.
Es gilt der **Buchungsgrundsatz**:

KEINE BUCHUNG OHNE GEGENBUCHUNG!

Ein Buchungssatz kann auftreten als
- **einfacher Buchungssatz**, einer Buchung, bei der nur ein Sollkonto und ein Habenkonto angesprochen wird, oder als
- **zusammengesetzter Buchungssatz**, einer Buchung, bei der mehrere Sollkonten beziehungsweise Habenkonten angesprochen werden.

KONTENRAHMEN - KONTENPLAN

Der **Kontenrahmen** ist ein allgemeines Ordnungsinstrument für die Konten (Betrachtungen einzelner Bilanzpositionen) der Geschäftsbuchhaltung (und

Betriebsbuchhaltung). Ein **Kontenplan** ist ein individuelles Ordnungsinstrument für die Konten der Buchhaltungen. Beide Instrumente dienen dazu, Konten systematisch zu ordnen. Kontenrahmen und -pläne besitzen somit eine Systematisierungsfunktion, mit einer einheitlichen Gliederung und Bezeichnung der Konten.

Ein **Kontenrahmen** ist nach dem **Zehnersystem** (dekadisches System) aufgebaut. Ein Kontenrahmen enthält zehn **Kontenklassen**, die mit den Ziffern 0 bis 9 nummeriert sind, es werden zunächst 10 Kontenklassen eingerichtet. Jeder Kontenklasse wird eine einstellige Zahl von 0 bis 9 zugeordnet. Die Kontenklassen werden ihrerseits jeweils in zehn **Kontengruppen** untergliedert.

Die Kennzeichnung der Gruppen geschieht durch das Anhängen der Ordnungszahl von 0 bis 9 für die **Kontenart**.

Die systematische Ordnung gewährleistet

- einen exakten Überblick über die im Unternehmen geführten Konten,
- einen intern orientierten Betriebsvergleich, durch Vergleich von Erträgen und Aufwendungen desselben Unternehmens,
- einen extern orientierten Betriebsvergleich durch Vergleich von Erträgen und Aufwendungen anderer Unternehmen derselben Branche sowie
- eine Vereinfachung und Vereinheitlichung des Buchungstextes durch Verwendung von Kontonummern.

Als Kontenrahmen sind in der Praxis prinzipiell von Bedeutung der

- GEMEINSCHAFTSKONTENRAHMEN UND
- INDUSTRIEKONTENRAHMEN.

GEMEINSCHAFTSKONTENRAHMEN

Der **Gemeinschaftskontenrahmen** (GKR) beschreibt die beiden Buchhaltungen (Geschäftsbuchhaltung und Betriebsbuchhaltung) in einem geschlossenen System, dem sogenannten **Einkreissystem**. Er ist nach dem **Prozessglie-**

derungsprinzip aufgebaut, das heißt die Struktur der Konten orientiert sich am Ablauf der Leistungserstellungsphasen im Unternehmen.

INDUSTRIEKONTENRAHMEN

Im **Industriekontenrahmen (IKR)** wird eine Trennung von Geschäftsbuchhaltung und Betriebsbuchhaltung vorgenommen in einem sogenannten Zweikreissystem. Es ist nach dem **Abschlussgliederungsprinzip** aufgebaut, das heißt die Kontenklassen und Kontengruppen sind in der Reihenfolge angeordnet, in der sie im Rahmen des Jahresabschlusses bearbeitet werden. Zur Verdeutlichung wird die Systematisierung der Konten anhand des Industriekontenrahmens in der folgenden Abbildung dargestellt.

Abbildung 90 - Systematisierung von Konten anhand des Industriekontenrahmens (IKR)

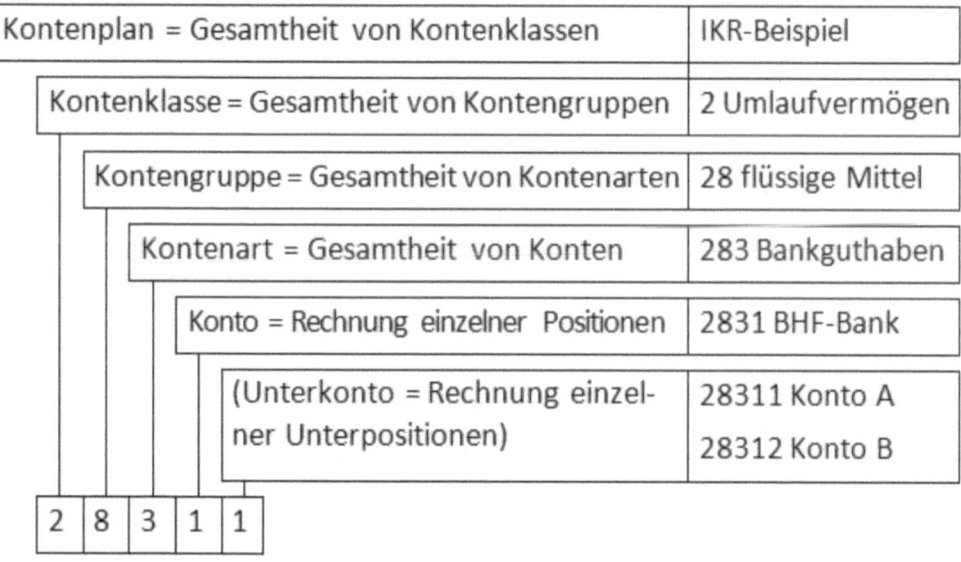

Abbildung 91 - Industriekontenrahmen (IKR) – 1 –

KONTENKLASSEN					
AKTIVA				PASSIVA	
Anlagevermögen		Umlaufvermögen			
0 Immaterielle Vermögensgegenstände und Sachanlagen	1 Finanzanlagen	2 Umlaufvermögen und aktive Rechnungsabgrenzung	3 Eigenkapital und Rückstellungen	4 Verbindlichkeiten und passive Rechnungsabgrenzung

00 Ausstehende Einlagen	10 bis 12 Frei	*Vorräte*	*Eigenkapital*	40 Frei
0000 Ausstehende Einlagen	13 Beteiligungen	20 Roh-, Hilfs- und Betriebsstoffe	30 Eigenkapital/Gez. Kapital	41 Anleihen
01 Frei	1300 Beteiligungen	2000 Rohstoffe/Fertigungsmaterial	Bei Einzelkaufleuten:	4100 Anleihen
Immaterielle Vermögensgegenstände	14 Frei	2001 Bezugskosten	3000 Eigenkapital	42 Verbindlichkeiten
02 Konzessionen, gewerbliche Schutzrechte und ähnliche Rechte u Werte sowie Lizenzen an solchen Rechten und Werten	15 Wertpapiere des Anlagevermögens	2002 Nachlässe	3001 Privatkonto	gegenüber Kreditinstituten
	1500 Wertpapiere des Anlagevermögens	2010 Vorprodukte/Fremdbauteile	Bei Personengesellschaften:	4200 Kurzfristige Bankverbindlichkeiten
	16 Sonstige Finanzanlagen	2011 Bezugskosten	3000 Kapital Gesellschafter A	4250 Langfristige Bankverbindlichkeiten
0200 Konzessionen	1600 Sonstige Finanzanlagen	2012 Nachlässe	3001 Privatkonto A	43 Erhaltene Anzahlungen auf Bestellungen
03 Geschäfts- oder Firmenwert	17 bis 19 Frei	2020 Hilfsstoffe	3010 Kapital Gesellschafter B	
0300 Geschäfts- oder Firmenwert		2021 Bezugskosten	3011 Privatkonto B	4300 Erhaltene Anzahlungen
04 Frei		2022 Nachlässe	3070 Kommanditkapital	44 Verbindlichkeiten aus Lieferungen und Leistungen
Sachanlagen		2030 Betriebsstoffe	Gesellschafter C	
05 Grundstücke, grundstücksgleiche Rechte und Bauten einschließlich der Bauten auf fremden Grundstücken		2031 Bezugskosten	3080 Kommanditkapital	4400 Verbindlichkeiten aus Lieferungen und Leistungen
		2032 Nachlässe	Gesellschafter D	
		2070 Sonstiges Material		45 Wechselverbindlichkeiten
0500 Unbebaute Grundstücke		2071 Bezugskosten	Bei Kapitalgesellschaften:	4500 Schuldwechsel
0510 Bebaute Grundstücke		2072 Nachlässe	3000 Gezeichnetes Kapital	46 und 47 Frei
0530 Betriebsgebäude		21 Unfertige Erzeugnisse, unfertige Leistungen	(Grundkapital Stammkapital)	48 Sonstige Verbindlichkeiten
0590 Wohngebäude		2100 Unfertige Erzeugnisse	31 Kapitalrücklage	4800 Umsatzsteuer
06 Frei		2190 Unfertige Leistungen	3100 Kapitalrücklage	4830 Sonstige Verbindlichkeiten gegenüber Finanzbehörden
07 Technische Anlagen und Maschinen		22 Fertige Erzeugnisse und Waren	32 Gewinnrücklagen	
0700 Anlagen und Maschinen der Energieversorgung		2200 Fertige Erzeugnisse	3210 Gesetzliche Rücklagen	4840 Verbindlichkeiten gegenüber Sozialversicherungsträgern
0710 Anlagen der Materiallagerung und -bereitstellung		2280 Waren (Handelswaren)	3230 Satzungsmäßige Rücklagen	4850 Verbindlichkeiten gegenüber Mitarbeitern
0720 Anlagen und Maschinen der mechanischen Materialbearbeitung, -verarbeitung und -umwandlung		2281 Bezugskosten	3240 Andere Gewinnrücklagen	
		2282 Nachlässe	33 Ergebnisverwendung	4860 Verbindlichkeiten aus vermögenswirksamen Leistungen
		23 Geleistete Anzahlungen auf Vorräte	3310 Jahresergebnis des Vorjahres	
			3320 Ergebnisvortrag aus	4870 Verbindlichkeiten gegenüber Gesellschaftern (Dividende)
0730 Anlagen für Wärme-, Kälte- und chemische Prozesse sowie ähnliche Anlagen		2500 Geleistete Anzahlungen auf Vorräte	früheren Perioden	4890 Übrige sonstige Verbindlichkeiten
			3340 Veränderung der Rücklagen	
		Forderungen und sonstige Vermögensgegenstände (24 - 26)	3350 Bilanzgewinn/Bilanzverlust	49 Passive Rechnungsabgrenzung
		24 Forderungen aus Lieferungen und Leistungen	3360 Ergebniszuschüttung	
0790 Geringwertige Anlagen und Maschinen		2400 Forderungen aus Lieferungen und Leistungen	3390 Ergebnisvortrag auf neue Rechnung	4900 Passive Jahresabgrenzung
08 Andere Anlagen, Betriebs- und Geschäftsausstattung		2450 Wechselforderungen aus Lieferungen und Leistungen (Besitzwechsel)	34 Jahresüberschuss/Jahresfehlbetrag	
0800 Andere Anlagen		2470 Zweifelhafte Forderungen	35 Sonderposten mit Rücklageanteil	
0810 Werkstätteneinrichtung		2480 Protestwechsel	3500 Sonderposten mit Rücklageanteil	
0820 Werkzeuge, Werkzeugformen und Modelle, Prüf- und Messmittel		25 Frei	36 Wertberichtigungen	
0830 Lager- und Transporteinrichtungen		26 Sonstige Vermögensgegenstände	(Bei Kapitalgesellschaften als Passivposten der Bilanz nicht mehr zulässig)	
0840 Fuhrpark		2600 Vorsteuer		
0850 Sonstige Betriebsausstattung		2630 Sonstige Forderungen an Finanzbehörden	3610 - zu Sachanlagen	
		2650 Forderungen an Mitarbeiter	3650 - zu Finanzanlagen	
0870 Büromöbel und sonstige Geschäftsausstattung		2690 Übrige sonstige Forderungen	3670 Einzelwertberichtigung zu Forderungen	
0880 Reserveteile für Betriebs- und Geschäftsausstattung		27 Wertpapiere des Umlaufvermögens	3680 Pauschalwertberichtigung zu Forderungen	
0890 Geringwertige Vermögensgegenstände der Betriebs- und Geschäftsausstattung		2700 Wertpapiere des Umlaufvermögens		
		28 Flüssige Mittel	*Rückstellungen*	
09 Geleistete Anzahlungen und Anlagen im Bau		2800 Guthaben bei Kreditinstituten (Bank)	37 Rückstellungen für Pensionen und ähnliche Verpflichtungen	
		2840		
0900 Geleistete Anzahlungen auf Sachanlagen		2850 Postbankguthaben	3700 Rückstellungen für Pensionen und ähnliche Verpflichtungen	
0950 Anlagen im Bau		2860 Schecks		
		2870 Bundesbank	38 Steuerrückstellungen	
		2880 Kasse	3800 Steuerrückstellungen	
		2890 Nebenkassen	39 Sonstige Rückstellungen	
		29 Aktive Rechnungsabgrenzung (und Bilanzfehlbetrag)	3910 - für Gewährleistung	
			3930 - für andere ungewisse Verbindlichkeiten	
		2900 Aktive Jahresabgrenzung	3970 - für drohende Verluste aus schwebenden Geschäften	
		2920 Umsatzsteuer aufteilbare Anzahlungen	3990 - für Aufwendungen	
		2990 (nicht durch Eigenkapital gedeckter Fehlbetrag)		

Abbildung 92 - Industriekontenrahmen (IKR) – 2 –

KONTENKLASSEN

ERTRÄGE	AUFWENDUNGEN		ERGEBNIS-RECHNUNGEN
5 Erträge	6 Betriebliche Aufwendungen	7 Weitere Aufwendungen	8 Ergebnisrechnungen

5 Erträge
- 50 Umsatzerlöse für eigene Erzeugnisse und andere eigene Leistungen
  - 5000 Umsatzerlöse für eigene Erzeugnisse
  - 5001 Erlösberichtigungen
  - 5050 Umsatzerlöse für andere eigene Leistungen
  - 5051 Erlösberichtigungen
- 51 Umsatzerlöse für Waren und sonstige Umsatzerlöse
  - 5100 Umsatzerlöse für Waren
  - 5101 Erlösberichtigungen
  - 5190 Sonstige Umsatzerlöse
  - 5191 Erlösberichtigungen
- 52 Erhöhung oder Verminderung des Bestandes an unfertigen und fertigen Erzeugnissen
  - 5200 Bestandsveränderungen
  - 5201 Bestandsveränderungen an unfertigen Erzeugnissen und nicht abgeschlossenen Leistungen
  - 5202 Bestandsveränderungen an fertigen Erzeugnissen
- 53 Andere aktivierte Eigenleistungen
  - 5300 Aktivierte Eigenleistungen
- 54 Sonstige betriebliche Erträge
  - 5400 Mieterträge
  - 5410 Sonstige Erlöse (z.B. aus Provisionen oder Anlagenabgängen)
  - 5420 Eigenverbrauch
  - 5430 Andere sonstige betriebliche Erträge
  - 5440 Erträge aus Wertberichtigungen zu Gegenständen des Anlagevermögens (Zuschreibungen)
  - 5450 Erträge aus der Auflösung oder Herabsetzung von Wertberichtigungen auf Forderungen
  - 5460 Erträge aus dem Abgang von Vermögensgegenständen
  - 5480 Erträge aus der Herabsetzung von Rückstellungen
  - 5490 Periodenfremde Erträge
- 55 Erträge aus Beteiligungen
  - 5500 Erträge aus Beteiligungen
- 56 Erträge aus anderen Wertpapieren und Ausleihungen des Finanzanlagevermögens
  - 5600 Erträge aus anderen Finanzanlagen
- 57 Sonstige Zinsen und ähnliche Erträge
  - 5710 Zinserträge
  - 5730 Diskonterträge
  - 5780 Erträge aus Wertpapieren des Umlaufvermögens
  - 5790 Sonstige zinsähnliche Erträge
- 58 Außerordentliche Erträge
  - 5800 Außerordentliche Erträge
- 59 Frei

6 Betriebliche Aufwendungen

Materialaufwand
- 60 Aufwendungen für Roh-, Hilfs- und Betriebsstoffe und für bezogene Waren
  - 6000 Aufwendungen für Rohstoffe/Fertigungsmaterial
    - 6001 Bezugskosten
    - 6002 Nachlässe
  - 6010 Aufwendungen für Vorprodukte/Fremdbauteile
  - 6020 Aufwendungen für Hilfsstoffe
  - 6030 Aufwendungen für Betriebsstoffe/Verbrauchswerkzeuge
  - 6040 Aufw. für Verpackungsmaterial
  - 6050 Aufw. für Energie
  - 6060 Aufw. für Reparaturmaterial
  - 6070 Aufw. für sonstiges Material
  - 6080 Aufw. für Waren
- 61 Aufwendungen für bezogene Leistungen
  - 6100 Fremdleistungen für Erzeugnisse und Leistungen
  - 6140 Frachten und Nebenkosten
  - 6150 Vertriebsprovisionen
  - 6160 Fremdinstandhaltung
  - 6170 Sonstige Aufwendungen für bezogene Leistungen

Personalaufwand
- 62 Löhne
  - 6200 Löhne einschl. tariflicher, vermögens- oder arbeitsbedingter Zulagen
  - 6210 Urlaubs- und Wehrsoldgeld
  - 6220 Sonstige tarifliche oder vertragliche Aufw. für Lohnempfänger
  - 6230 Freiwillige Zuwendungen
  - 6250 Sachbezüge
  - 6260 Vergütungen an gewerbliche Auszubildende
- 63 Gehälter
  - 6300 Gehälter und Zulagen
  - 6310 Urlaubs- und Wehrsoldgeld
  - 6320 Sonstige tarifliche oder vertragliche Aufw.
  - 6330 Freiwillige Zuwendungen
  - 6350 Sachbezüge
  - 6360 Vergütungen an Auszubildende
- 64 Soziale Abgaben und Aufwendungen für Altersversorgung und für Unterstützung
  - 6400 Arbeitgeberanteil zur Sozialversicherung (Lohnbereich)
  - 6410 Arbeitgeberanteil zur Sozialversicherung (Gehaltsbereich)
  - 6420 Beiträge zur Berufsgenossenschaft
  - 6440 Aufwendungen für Altersversorgung
  - 6490 Aufwendungen für Unterstützung
  - 6495 Sonstige soziale Aufw.

- 65 Abschreibungen
  Abschreibungen auf Anlagevermögen
  - 6510 Abschreibungen auf immaterielle Vermögensgegenstände des Anlagevermögens
  - 6520 Abschreibungen auf Sachanlagen
  - 6540 Abschreibungen auf geringwertige Wirtschaftsgüter
  - 6550 Außerplanmäßige Abschreibungen auf Sachanlagen
  - 6570 Unüblich hohe Abschreibungen auf Umlaufvermögen

Sonstige betriebliche Aufwendungen (66 - 70)
- 66 Sonstige Personalaufwendungen
  - 6600 Aufwendungen für Personaleinstellung
  - 6610 Aufwendungen für übernommene Fahrtkosten
  - 6620 Aufw. für Werkarzt und Arbeitssicherheit
  - 6630 Personenbezogene Versicherungen
  - 6640 Aufw. für Fort- und Weiterbildung
  - 6650 Aufwendungen für Dienstjubiläen
  - 6660 Aufw. für Belegschaftsveranstaltungen
  - 6670 Aufw. für Werksküche und Sozialeinrichtungen
  - 6680 Ausgleich von Aufw. nach dem Schwerbehindertengesetz
  - 6690 Übrige sonstige Personalaufwendungen
- 67 Aufwendungen für die Inanspruchnahme von Rechten und Diensten
  - 6700 Mieten, Pachten
  - 6710 Leasing
  - 6720 Lizenzen und Konzessionen
  - 6730 Gebühren
  - 6750 Kosten des Geldverkehrs
  - 6760 Provisionsaufwendungen (außer Vertriebsprovisionen)
  - 6770 Rechts- und Beratungskosten
- 68 Aufw. für Kommunikation (Dokumentation, Information, Reisen, Werbung)
  - 6800 Büromaterial
  - 6810 Zeitungen und Fachliteratur
  - 6820 Postgebühren
  - 6850 Reisekosten
  - 6860 Bewirtung und Präsentation
  - 6870 Werbung
  - 6880 Spenden

7 Weitere Aufwendungen
- 70 Betriebliche Steuern
  - 7000 Gewerbekapitalsteuer
  - 7010 Vermögensteuer
  - 7020 Grundsteuer
  - 7030 Kraftfahrzeugsteuer
  - 7070 Ausfuhrzölle
  - 7080 Verbrauchsteuer
  - 7090 Sonstige betriebliche Steuern
- 71 bis 73 frei
- 74 Abschreibungen auf Finanzanlagen und auf Wertpapiere des Umlaufvermögens und Verluste aus entsprechenden Abgängen
  - 7400 Abschreibungen auf Finanzanlagen
  - 7420 Abschreibungen auf Wertpapiere des Umlaufvermögens
  - 7450 Verluste aus dem Abgang von Finanzanlagen
  - 7460 Verluste aus dem Abgang von Wertpapieren des Umlaufvermögens
- 75 Zinsen und ähnliche Aufwendungen
  - 7510 Zinsaufwendungen
  - 7530 Diskontaufwendungen
  - 7590 Sonstige zinsähnliche Aufwendungen
- 76 Außerordentliche Aufwendungen
  - 7600 Außerordentliche Aufw.
- 77 Steuern vom Einkommen und Ertrag
  - 7700 Gewerbeertragsteuer
  - 7710 Körperschaftsteuer
  - 7720 Kapitalertragsteuer
- 78 und 79 Frei

Fortsetzung Kontenklasse 6

- 69 Aufw. für Beiträge und Sonstiges sowie Wertkorrekturen und periodenfremde Aufwendungen
  - 6900 Versicherungsbeiträge
  - 6920 Beitr. zu Wirtschaftsverbänden und Berufsvertretungen
  - 6930 Verluste aus Schadensfällen
  - 6940 Sonstige Aufw.
  - 6950 Abschreibungen auf Forderungen
    - 6951 -wegen Uneinbringlichkeit
    - 6952 Einzelwb in Einzelwertberichtigung
    - 6955 Einzelwb in Pauschalwertberichtigung
  - 6960 Verluste aus dem Abgang von Vermögensgegenständen
  - 6980 Zuführung zu Rückstellungen für Gewährleistung
  - 6990 Periodenfremde Aufwendungen

8 Ergebnisrechnungen
- 80 Eröffnung/Abschluß
  - 8000 Eröffnungsbilanzkonto
  - 8010 Schlußbilanzkonto
  - 8020 GuV-Konto Gesamtkostenverfahren
  - 8030 GuV-Konto Umsatzkostenverfahren
  - 8050 Saldenvorträge

Konten der Kostenbereiche für die GuV im Umsatzkostenverfahren
- 81 Herstellungskosten
- 82 Vertriebskosten
- 83 Allgem. Verwaltungskosten
- 84 Sonstige betriebliche Aufwendungen

Konten der kurzfristigen Erfolgsrechnung (KER) für innerjährige Rechnungsperioden (Monat, Quartal oder Halbjahr)
- 85 Korrekturkosten zu den Erträgen der Kontenkl. 5
- 86 Korrekturkosten zu den Aufwendungen der Kontenkl. 6
- 87 Korrekturkosten zu den Aufwendungen der Kontenkl. 7
- 88 Kurzfristige Erfolgsrechnung (KER)
  - 8800 Gesamtkostenverfahren
  - 8810 Umsatzkostenverfahren
- 89 Innerjährige Rechnungsabgrenzung
  - 8900 Aktive Rechnungsabgr.
  - 8950 Passive Rechnungsabgr.

Kosten- und Leistungsrechnung
- 9 Kosten- und Leistungsrechnung
- 90 Unternehmensbezogene Abgrenzungen (neutrale Aufw./Erträge)
- 91 Kostenrechnerische Korrekturen
- 92 Kostenarten und Leistungsarten
- 93 Kostenstellen
- 94 Kostenträger
- 95 Fertige Erzeugnisse
- 96 Interne Lieferungen und Leistungen sowie deren Kosten
- 97 Umsatzleistungen
- 99 Ergebnisausweise

In der Praxis wird die KLR gewöhnlich tabellarisch durchgeführt.

Eröffnung der Bestandskonten

Um eine gute Übersicht des Geschäftsgeschehens zu gewährleisten, werden die Bestände zu Beginn eines jeden Geschäftsjahres auf einzelne Konten (**Bestandskonten**) übertragen: Diese Aktion wird als die **Eröffnung der Bestandskonten** bezeichnet. Die Bestandsveränderungen werden auf diesen Konten vorgenommen; die Vornahme von Veränderungen werden **Buchungen** genannt.

Die Bestände des Vermögens stehen in der Bilanz auf der linken Seite (Aktiva). Die Anfangsbestände (AB) des Vermögens werden auf den entsprechenden Konten auf der linken Seite (Soll) vorgetragen. Die aktivischen Bestandskonten werden kurz als **Aktivkonten** bezeichnet.

Die Bestände der Verbindlichkeiten und das Eigenkapital stehen in der Bilanz auf der rechten Seite (Passiva). Die Anfangsbestände (AB) dieser Positionen werden auf der rechten Seite (Haben) der entsprechenden Konten eröffnet. Die passivischen Bestandskonten werden als kurz als **Passivkonten** bezeichnet.

Für jede Bilanzposition wird mindestens ein Konto eingerichtet. Aus praktischen Erwägungen werden einige Bilanzpositionen in mehrere Konten aufgegliedert. Beispielsweise der Bilanzposition Kassenbestand und Guthaben bei Kreditinstituten auf die Konten Kasse und Bank.

(Der Vollständigkeit halber soll erwähnt werden, dass in der Praxis für die Konteneröffnung eine Gegenbuchung über das Konto Saldenvorträge erfolgt, damit der oben genannte (Buchungs-)Grundsatz erfüllt ist.)

BUCHUNGEN AUF BESTANDSKONTEN

Jeder Geschäftsvorfall ändert die Bestände der Konten. Beim Buchen der Änderungen ist zu unterscheiden zwischen

- BESTANDSÄNDERUNGEN DER AKTIVKONTEN UND
- BESTANDSÄNDERUNGEN DER PASSIVKONTEN.

BESTANDSÄNDERUNGEN DER AKTIVKONTEN

Alle Erhöhungen des Bestands eines Aktivkontos werden auf der linken Seite eines Aktivkontos, der Sollseite gebucht, weil durch sie das Vermögen vergrößert wird.

Alle Minderungen des Bestands eines Aktivkontos werden auf der rechten Seite eines Aktivkontos, der Habenseite gebucht, weil durch sie das Vermögen verringert wird.

Bei Aktivkonten gilt:

- Sollbuchungen   sind Gutschriften und
- Habenbuchungen   sind Lastschriften

BESTANDSÄNDERUNGEN DER PASSIVKONTEN

Alle Erhöhungen des Bestands eines Passivkontos werden auf der rechten Seite eines Passivkontos, der Habenseite gebucht, weil durch sie die Verbindlichkeiten oder das Eigenkapital vergrößert wird.

Alle Minderungen des Bestands eines Passivkontos werden auf der linken Seite eines Passivkontos, der Sollseite gebucht, weil durch sie die Verbindlichkeiten oder das Eigenkapital verringert werden.

Bei Passivkonten gilt:

- Sollbuchungen   sind Lastschriften und
- Habenbuchungen   sind Gutschriften

Abschlussbuchungen der Bestandskonten

Die Bestandskonten werden zum Schluss eines jeden Geschäftsjahres abgeschlossen. Der Abschluss vollzieht sich in folgenden Arbeitsschritten:

- Addition der wertmäßig größeren Kontenseite,
- Übertragung der Summe auf die andere Kontoseite und
- Errechnung der Differenz auf der wertmäßig kleineren Kontoseite. Diese Differenzen werden **Salden** genannt.

Der **Saldo** stellt den Bestand des Abschlussstichtags (Schlussbestand) dar. Alle Schlussbestände werden auf dem **Schlussbilanzkonto** (SBK) gegengebucht. Das Schlussbilanzkonto ist das **Abschlusskonto**. Dieses Konto ist Bestandteil der Buchführung, auf dem alle Bestände zusammengefasst werden. Anhand dieses (Abschluss-)Kontos wird die Bilanz entwickelt, die nach einem bestimmten Schema gegliedert ist.[24] Mehrere Schlussbestände des Schlussbilanzkontos werden dabei in der Regel zu einer Bilanzposition zusammengefasst.

Das Schlussbilanzkonto ist immer ausgeglichen, da die Summe der Schlussbestände aller Aktivkonten genau so groß ist wie die Summe der Schlussbestände aller Passivkonten.

---

[24] Vgl. zu `Gliederung einer Bilanz´ Kapitel 8.5.3 in diesem Band der Reihe.

8.5.7 Erfolgskonten

Geschäftsvorfälle verändern nicht nur die Bestände des Vermögens und/oder der Verbindlichkeiten in der Bilanz, sondern auch das Eigenkapital.

In einem Unternehmen sind im Laufe eines Betrachtungszeitraums viele Geschäftsvorfälle zu verbuchen, die das Eigenkapital verändern. Würden sämtliche das Eigenkapitalkonto betreffende Geschäftsvorfälle direkt auf diesem Konto verbucht, so entstünden folgende Nachteile:

- das Eigenkapitalkonto wäre unübersichtlich,
- der Erfolg (Gewinn oder Verlust) könnte nur durch einen Eigenkapitalvergleich ermittelt werden,
- die Erfolgsquellen, das heißt die nach sachlichen Gesichtspunkten geordneten Aufwendungen und Erträge wären nicht ohne weiteres ersichtlich.

Zur Vermeidung dieser Nachteile, werden alle betrieblich veranlassten Eigenkapitaländerungen auf Unterkonten des Eigenkapitalkontos, sogenannten Erfolgskonten, gebucht. Erfolgskonten sind Konten, auf denen betrieblich veranlasste Geschäftsvorfälle verzeichnet werden, die das Eigenkapital berühren.

Wird das Eigenkapital vermindert/ vermehrt, so werden dem Eigenkapitalkonto zugeordnet

- AUFWANDSKONTEN ODER
- ERTRAGSKONTEN.

AUFWANDSKONTEN

Konten, in denen sämtliche Werte aller in einem Betrachtungszeitraum verbrauchten Güter in Form von Sach- und/ oder Dienstleistungen aufgrund gesetzlicher Bestimmungen und bewertungsrechtlicher Konventionen verrechnet werden, werden als **Aufwandskonten** bezeichnet. Dies sind beispielsweise Löhne, Gehälter, Werkstoffe, Mieten, Bürobedarf, Aufwendungen der Fahrzeughaltung, der Bürokommunikation (Telefon, Faxgeräte etc.).

ERTRAGSKONTEN

Konten, in denen sämtliche Werte aller in einem Betrachtungszeitraum erbrachten Güter in Form von Sach- und/ oder Dienstleistungen berücksichtigt werden, werden als **Ertragskonten** bezeichnet wie beispielsweise Erträge aus Verkäufen (auch nicht betriebsnotwendige Vermögensteile), Zins- sowie Provisionserträge.

8.5.8 Bestands- und Erfolgskontenveränderungen

Verändern sich betragsmäßig Positionen in einer Bilanz durch Geschäftsvorfälle, so kann unterschieden werden zwischen

- BESTANDSKONTENBEWEGUNGEN UND
- ERFOLGSKONTENBEWEGUNGEN.

BESTANDSKONTENBEWEGUNGEN

Veränderungen von Bilanzpositionen, die das Eigenkapital nicht berühren, werden als **Bestandskontenbewegungen** beziehungsweise **-änderungen** bezeichnet. Sie lassen sich unterteilen in einen

- AKTIVTAUSCH,
- PASSIVTAUSCH,
- BILANZVERLÄNGERUNG UND
- BILANZVERKÜRZUNG.

AKTIVTAUSCH

Ändern Geschäftsvorfälle zwei Aktivpositionen der Bilanz, so werden lediglich diese zwei Aktivpositionen getauscht, das heißt die Bilanzsumme bleibt konstant; es liegt ein **Aktivtausch** vor. Beispielsweise führt ein Bareinkauf von Waren zu einer Warenvermehrung und zu einer Kassenverminderung.

PASSIVTAUSCH

Ändern Geschäftsvorfälle zwei Passivpositionen der Bilanz, so werden lediglich diese zwei Passivpositionen getauscht, das heißt die Bilanzsumme bleibt konstant; es liegt ein **Passivtausch** vor. Beispielsweise führt die Begleichung einer Verbindlichkeit aus Lieferungen und Leistungen durch die Aufnahme eines Kredits (Verbindlichkeiten gegenüber Kreditinstituten) zu einer Senkung der Verbindlichkeiten aus Lieferungen und Leistungen sowie zu einer Steigerung der Verbindlichkeiten gegenüber Kreditinstituten.

BILANZVERLÄNGERUNG

Ändern Geschäftsvorfälle eine Aktivposition und eine Passivposition der Bilanz, indem sie zur Verlängerung einer Aktiv- und Passivposition führen (gleichzeitiger Vermögens- und Schuldenzuwachs, der sich in einer Erhöhung der Bilanzsumme niederschlägt), so haben sie eine Bilanz-Summen-Vergrößerung zur Folge; es liegt ein **Bilanzverlängerung** vor. Beispielsweise führt der Zieleinkauf (Kreditkauf) von Waren zu einer Steigerung der Position `Waren´, sowie zu einer Steigerung der Position `Verbindlichkeiten aus Lieferungen und Leistungen´.

BILANZVERKÜRZUNG

Ändern Geschäftsvorfälle eine Aktivposition und eine Passivposition der Bilanz, indem sie zur Verkürzung einer Aktiv- und Passivposition führen (gleichzeitige Vermögens- und Schuldenminderung, die sich in einer Verringerung der Bilanzsumme niederschlägt), so haben sie eine Bilanz-Summen-Minderung zur Folge; es liegt eine **Bilanzverkürzung** vor. Beispielsweise führt die Begleichung einer Verbindlichkeit aus Lieferungen und Leistungen durch Banküberweisung zu einer Senkung der Position `Guthaben bei Kreditinstituten´ sowie zu einer Senkung der Position `Verbindlichkeiten all´.

ERFOLGSKONTENBEWEGUNGEN

Veränderungen von Bilanzpositionen, die das Eigenkapital berühren, werden als **Erfolgskontenbewegungen** beziehungsweise **-änderungen** bezeichnet.

Abbildung 93 - Desaggregation und Aggregation der Bilanz in Konten unter besonderer Berücksichtigung des Eigenkapitalkontos

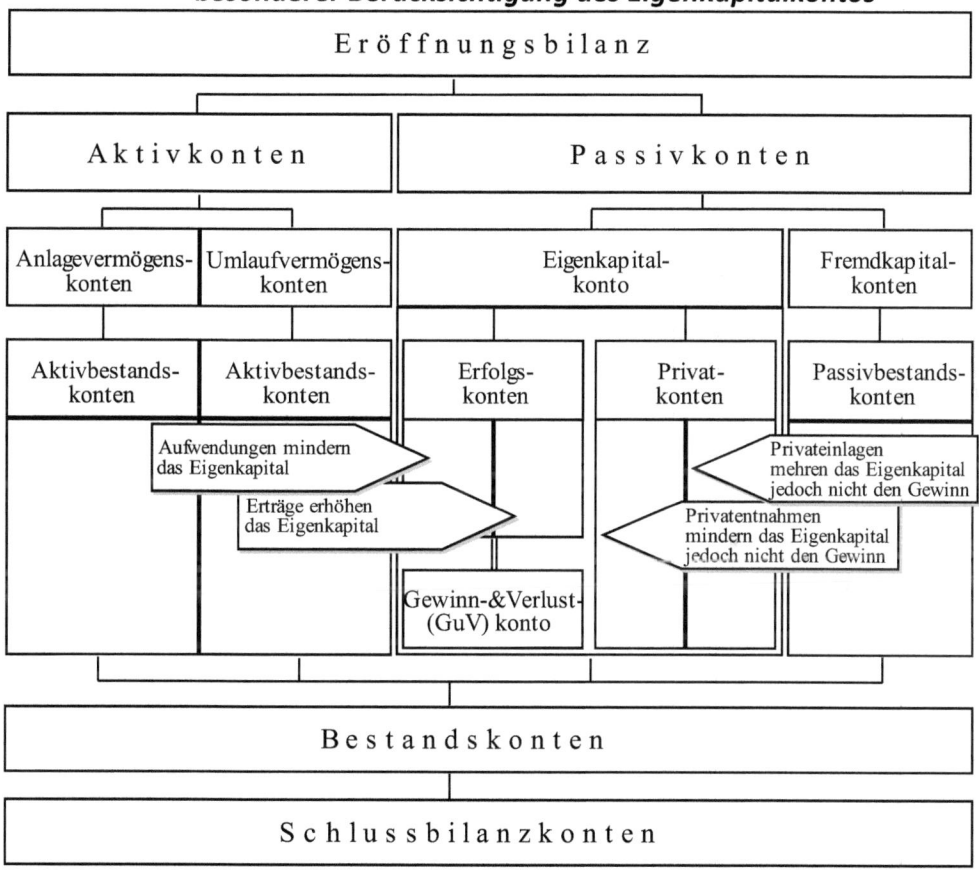

Das Eigenkapital ergibt sich durch die Bilanzgleichung aus der Differenz der Summe des Vermögens abzüglich der Summe der Verbindlichkeiten.

```
        Summe des Vermögens
./      Summe der Verbindlichkeiten
=       Eigenkapital
```

Um sämtliche das Eigenkapital betreffende Geschäftsvorfälle in der Bilanz zu berücksichtigen, erfolgen die Buchungen auf diversen Unterkonten. Die Auflösung des Eigenkapitalkontos in Unterkonten wird in folgenden Arbeitsschritten durchgeführt

- Ermittlung der veranlassten Eigenkapitaländerungen,
- Buchungen auf Erfolgs- und Privatkonten,
- Abschlussbuchungen der Erfolgskonten auf das Gewinn- und Verlustkonto (GuV-Konto) und
- Buchungen von Privatkonten auf Eigenkapitalkonten.

Die vorstehende Abbildung zeigt die differenzierte Auflösung der Bilanz unter Berücksichtigung des Eigenkapitalkontos. Im Folgenden werden betrachtet

- EIGENKAPITALÄNDERUNGEN,
- BUCHUNGEN AUF ERFOLGS- UND PRIVATKONTEN UND
- ABSCHLUSSBUCHUNGEN DER ERFOLGS- UND PRIVATKONTEN.

EIGENKAPITALÄNDERUNGEN

Eigenkapitaländerungen werden differenziert nach

- BETRIEBLICH VERANLASSTE EIGENKAPITALÄNDERUNGEN UND,
- PRIVAT VERANLASSTE EIGENKAPITALÄNDERUNGEN

BETRIEBLICH VERANLASSTE EIGENKAPITALÄNDERUNGEN

Geschäftsvorfälle, die zu einer betrieblich veranlassten Eigenkapitalmehrung oder -minderung führen, werden als **Erfolgsvorgänge** bezeichnet, für die entsprechende Buchungen auf den Eigenkapitalkonten vorgenommen werden. Änderungen des Eigenkapitals, die betrieblich veranlasst sind, treten auf als

- EIGENKAPITALMINDERUNGEN ODER
- EIGENKAPITALMEHRUNGEN.

EIGENKAPITALMINDERUNGEN

Betrieblich veranlasste Ausgaben, die weder zu einem Aktiv-Tausch, noch zu einer Verminderung der Verbindlichkeiten führen, werden als betrieblich veranlasste **Eigenkapitalminderungen** bezeichnet; beispielsweise wird durch die monatliche Begleichung eines gemieteten Lagerplatzes durch Banküberweisung gleichzeitig das Bankguthaben und das Eigenkapital sinken (der Banküberweisung steht keine Verminderung von Verbindlichkeiten noch eine Vermehrung eines Vermögenswerts gegenüber).

Eine betrieblich veranlasste Minderung des Eigenkapitals wird als **Aufwand** bezeichnet. *Fazit:* **Aufwendungen mindern das Eigenkapital!**

EIGENKAPITALMEHRUNGEN

Betrieblich veranlasste Einnahmen, die weder zu einem Aktiv-Tausch, noch zu einer Vermehrung der Verbindlichkeiten führen, werden als betrieblich veranlasste **Eigenkapitalmehrungen** bezeichnet; beispielsweise wird durch den Erhalt einer Zinsgutschrift von der Bank gleichzeitig das Bankguthaben und das Eigenkapital steigen (der Zinseinnahme steht keine Vermehrung von Verbindlichkeiten noch eine Verminderung eines Vermögensgegenstands gegenüber).

Eine betrieblich veranlasste Vermehrung des Eigenkapitals wird als **Ertrag** bezeichnet. *Fazit:* **Erträge vermehren das Eigenkapital**!

PRIVAT VERANLASSTE EIGENKAPITALÄNDERUNGEN

Änderungen des Eigenkapitals, die privat veranlasst sind, können bei Personengesellschaften auftreten als

- PRIVATENTNAHMEN ODER
- PRIVATEINLAGEN.

PRIVATENTNAHMEN

Eine Privatentnahme, eine privat veranlasste Eigenkapitalminderung liegt vor, wenn dem Unternehmen ein Wirtschaftsgut (Bargeld, Waren, Nutzen oder Leistungen), die ein Unternehmer für sich, für seinen Haushalt oder für andere betriebsfremde Zwecke nutzt, dem Betrieb nicht mehr zur Verfügung steht (§4 Abs. 1 Satz 2 EStG). Privatentnahmen mindern sowohl das betriebliche Vermögen als auch das Eigenkapital (Bilanzverkürzung). Jedoch mindern Privatentnahmen den am Ende des Geschäftsjahres zu versteuernden Gewinn nicht, da zur Gewinnermittlung durch Betriebsvermögensvergleich der Wert der Entnahmen zum ermittelten Gewinn hinzuzurechnen ist.

PRIVATEINLAGEN

Eine **Privateinlage**, das heißt eine privat veranlasste **Eigenkapitalmehrung** liegt vor, wenn dem Unternehmen Wirtschaftsgüter (Bargeld oder sonstige Güter) zugeführt werden (§4 Abs. 1 Satz 5 EStG). Privateinlagen vermehren sowohl das betriebliche Vermögen als auch das Eigenkapital (Bilanzverlängerung). Jedoch müssen Privateinlagen bei der Gewinnermittlung eines Geschäftsjahrs durch Subtraktion vom ermittelten Gewinn berücksichtigt werden.

BUCHUNGEN AUF ERFOLGS- UND PRIVATKONTEN

Für **Buchungen auf** den **Erfolgskonten** gelten die gleichen Buchungsregeln wie für die entsprechenden Buchungen auf dem Eigenkapitalkonto

- Aufwendungen (Eigenkapitalminderungen) stehen auf den Erfolgskonten im Soll, und
- Erträge (Eigenkapitalmehrungen) stehen auf den Erfolgskonten im Haben.

Die **Buchungen auf** den **Privatkonten** werden analog den Buchungen auf den Eigenkapitalkonten vorgenommen.

- Privatentnahmen (Eigenkapitalminderungen) stehen auf dem Privatentnahme-Konto im Soll und
- Privateinlagen (Eigenkapitalmehrungen) stehen auf dem Privateinlage-Konto im Haben.

Abschlussbuchungen der Erfolgs- und Privatkonten
Die Erfolgs- und Privatkonten werden zum Schluss eines jeden Geschäftsjahres als Unterkonten des Eigenkapitalkontos über das Eigenkapital abgeschlossen. Der Abschluss der

- Privatkonten erfolgt direkt über das Eigenkapitalkonto, der Abschluss der
- Erfolgskonten erfolgt jedoch nicht direkt, sondern indirekt über ein extra dafür einzurichtendes Sammelkonto: das Gewinn- und Verlustkonto.

Somit lassen sich unterscheiden:

- ABSCHLUSSBUCHUNGEN DER PRIVATKONTEN ODER
- ABSCHLUSSBUCHUNGEN DER ERFOLGSKONTEN.

ABSCHLUSSBUCHUNGEN DER PRIVATKONTEN

Für die Abschlussbuchungen der Privatkonten werden sämtliche Habensalden der Privatentnahmen und Sollseiten der Privateinlagen der Privatkonten auf der Soll- beziehungsweise Habenseite des Eigenkapitalkontos gegengebucht.

Entnahmen vermindern – ebenso wie Aufwendungen – das Eigenkapital; Einlagen vermehren – ebenso wie Erträge – das Eigenkapital. Entnahmen und Einlagen sind jedoch erfolgsneutral, das heißt sie haben keinen Einfluss auf die Höhe des Gewinns beziehungsweise Verlusts, während Aufwendungen und Erträge erfolgswirksam sind.

Die Erfolgsermittlung ergibt in der Form (gem. §4 Abs. 1 Satz 1 EStG):

	Eigenkapital am Ende des Betrachtungszeitraums
./.	Eigenkapital am Anfang des Betrachtungszeitraums
=	Differenzbetrag
+	(Privat-)Entnahmen
./.	(Privat-)Einlagen
=	Gewinn oder Verlust

ABSCHLUSSBUCHUNGEN DER ERFOLGSKONTEN

Sämtliche Habensalden der Aufwandskonten und Sollseiten der Ertragskonten werden auf der Soll- beziehungsweise Habenseite des Gewinn- und Verlustkontos gegengebucht. Der Differenzbetrag zwischen den Summen der Erträge und der Summe der Aufwendungen ist der Gewinn oder Verlust eines Unternehmens im Betrachtungszeitraum.

$$\begin{aligned} & \Sigma \text{ Erträge} \\ ./. \; & \Sigma \text{ Aufwendungen} \\ = \; & \text{Gewinn oder Verlust} \end{aligned}$$

Der Saldo des GuV-Kontos stellt den Gewinn oder Verlust des Unternehmens dar.

Ist der Saldo auf der Sollseite des Gewinn- und Verlustkontos, dann ist dieser Betrag der Gewinn (Erträge > Aufwendungen);

ist der Saldo hingegen auf der Habenseite des Gewinn- und Verlustkontos, dann hat das Unternehmen einen Verlust erlitten (Aufwendungen > Erträge).

Soll	GuV-Konto	Haben		Soll	GuV-Konto	Haben
Aufwand		Ertrag		Aufwand		Ertrag
...		...	oder	...		...
Gewinn						Verlust
Σ		Σ		Σ		Σ

Das Gewinn- und Verlustkonto wird über das Eigenkapitalkonto in der Form abgeschlossen, dass der Gewinn das Eigenkapital vermehrt und der Verlust das Eigenkapital mindert.

8.6 Gewinn- und Verlustbestimmung

Die Bestimmung des Gewinns oder des Verlusts in einem Betrachtungszeitraum kann auf zwei Wegen geschehen, durch

- EIGENKAPITALVERGLEICH ODER
- GEWINN- UND VERLUSTRECHNUNG.

EIGENKAPITALVERGLEICH

Die **Erfolgsermittlung** über einen Vergleich des Eigenkapitals erfolgt in der Form (vgl. dazu auch: Abschlussbuchungen der Erfolgs- und Privatkonten):

	Eigenkapital am Ende des Betrachtungszeitraums
./.	Eigenkapital am Anfang des Betrachtungszeitraums
=	Differenzbetrag
+	(Privat-) Entnahmen
./.	(Privat-) Einlagen
=	Gewinn oder Verlust

GEWINN- UND VERLUSTRECHNUNG (GUV)

Die Erfolgsermittlung als Aufgabe der **Gewinn- und Verlustrechnung** erfolgt durch die Gegenüberstellung der Erträge und Aufwendungen eines Betrachtungszeitraums (§24 Abs. 2 HGB). Aus der Saldierung ergibt sich der Erfolg (Gewinn oder Verlust) eines Unternehmens.

Neben der Aufgabe der Erfolgsermittlung als Kontrolle des Eigenkapitalvergleichs der Bilanz hat die Gewinn- und Verlustrechnung die strukturelle Zusammenstellung der Ertrags- und Aufwandskomponenten darzulegen, die zu einem Erfolg geführt haben.

Einzelkaufleuten und Personengesellschaften wird – im Gegensatz zu Kapitalgesellschaften, die die Gewinn- und Verlustrechnung in der Staffelform durchzuführen haben (§275 HGB) – kein bestimmtes, gesetzlich vorgeschriebenes Gliederungsschema auferlegt.[25] Es existieren zwei Formen der Gewinn-und-Verlust-Darstellung,

- KONTENFORM UND
- STAFFELFORM.

KONTENFORM

Die **Kontenform** (Vgl. Erfolgskontenbewegungen) stellt die Zusammenstellung der Salden sämtlicher Aufwands- und Erfolgskonten dar. Eine derartige Form fügt sich nahtlos in die kontenmäßige Struktur der Finanzbuchhaltung ein, ist jedoch für externe Dritte oft schwer nachvollziehbar, weshalb der Gesetzgeber die Staffelform vorzieht.

STAFFELFORM

Die **Staffelform** ist eine zur Erfolgsermittlung verständlichere Art als die Kontenform, da sie Zwischenergebnisse aufzeigt und die Entstehung und Zusammensetzung des Erfolgs offenlegt. Darüber hinaus wird durch die Gegenüberstellung entsprechender Werte zurückliegender Betrachtungszeiträume ein Vergleich ermöglicht.

Dic Gliederung der Gewinn- und Verlustrechnung in Staffelform kann erfolgen nach

- dem Gesamt`kosten´verfahren (GKV) und
- dem Umsatz`kosten´verfahren (UKV),

wobei die Grundstruktur der Form Umsatzerlös, Ergebnis der gewöhnlichen Geschäftätigkeit, außerordentliches Ergebnis, Jahresüberschuss und -fehlbetrag identisch ist.

---

[25] Diese in den Gesetztestexten titulierten Kosten sind streng betriebswirtschaftlich gesehen Aufwendungen, weshalb `Kosten´ im weiteren Text in Hochkomma geschrieben sind.

Zum Schutz kleiner und mittelgroßer Kapitalgesellschaften dürfen diese die Staffelform nach

- dem Nettoprinzip aufstellen, während große Kapitalgesellschaften nach
- dem Bruttoprinzip die Gewinn- und Verlustrechnung mit einer Mindestgliederung aufzustellen haben.

Das **Bruttoprinzip** schreibt bilanzierenden Gesellschaften bei der Aufstellung der Gewinn- und Verlustrechnung vor, sämtliche in §275 Abs. 2 und 3 HGB genannten Positionen aufzuführen.

Das **Nettoprinzip** (§276 HGB) erlaubt kleinen und mittelgroßen Kapitalgesellschaften, bezüglich des Gesamt`kosten´verfahrens die Positionen 1. bis 5. beziehungsweise des Umsatz`kosten´verfahrens die Positionen 1. bis 3. und 6. zu einer Position mit der Bezeichnung **Rohergebnis** zusammenzufassen (Nummerierung in den folgenden Abbildung hervorgehoben).

Im Folgenden werden erörtert das

- GESAMT`KOSTEN´VERFAHREN UND
- UMSATZ`KOSTEN´VERFAHREN.

GESAMT`KOSTEN´VERFAHREN

Beim **Gesamt`kosten´verfahren** (GKV) (gem. §275 Abs. 2 HGB) werden von den – um **Bestandsveränderungen an Zwischen- und Endleistungen** korrigierten – Umsatzerlösen weitere, nach unterschiedlichen Arten gegliederte Aufwendungen und Erträge zur Ermittlung des Jahresüberschusses/ -fehlbetrags berücksichtigt.

Das **Ergebnis vor Steuern** setzt sich zusammen aus

- dem **Betriebsergebnis** (Positionen 1 bis 8) ,
- dem **Finanzergebnis** (Positionen 9 bis 13) und
- dem **außerordentlichen Ergebnis** (Positionen 14 und 15).

Das strukturelle Vorgehen zur Ermittlung der Gesamt`kosten´ ist in der folgenden Abbildung veranschaulicht.

Abbildung 94 - Gliederungsschema des Gesamt`kosten´verfahrens – 1 –

	1.		Umsatzerlöse (Erträge)
+	2.		Bestandserhöhung oder
./.			Bestandsverminderung an Zwischen- und Endleistungen
+	3.		andere aktivierte Eigenleistungen
+	4.		sonstige betriebliche Erträge
=			betriebsgewöhnliche Erträge (Gesamterträge)
	5.		Materialaufwand
./.		a)	Aufwendungen für Roh-, Hilfs- und Betriebsstoffe und für bezogenen Waren
./.		b)	Aufwendungen für bezogene Leistungen
=	1.-5.		Rohergebnis
	6.		Personalaufwand
./.		a)	Löhne und Gehälter
./.		b)	soziale Abgaben und Aufwendungen für Altersversorgung und Unterstützung, davon für Altersversorgung
	7.		Abschreibungen
./.		a)	auf immaterielle Vermögensgegenstände des Anlagevermögens und Sachanlagen sowie auf aktivierte Aufwendungen für die Ingangsetzung und Erweiterung des Geschäftsbetriebs
./.		b)	auf Vermögensgegenstände des Umlaufvermögens, soweit diese die in der Kapitalgesellschaft üblichen Abschreibungen überschreiten
./.	8.		sonstige betriebliche Aufwendungen
=	1.-8.		**Betriebsergebnis**
	9.		Erträge aus Beteiligungen, davon aus verbundenen Unternehmen
	10.		Erträge aus anderen Wertpapieren und Ausleihungen des Finanzanlagevermögens, davon aus verbundenen Unternehmen
+	11.		sonstige Zinsen und ähnliche Erträge, davon aus verbundenen Unternehmen
./.	12.		Abschreibungen auf Finanzanlagen und auf Wertpapiere des Umlaufvermögens
./.	13.		Zinsen und ähnliche Aufwendungen, davon an verbundenen Unternehmen
=	9.-13.		**Finanzergebnis**

Abbildung 95 - Gliederungsschema des Gesamt`kosten´verfahrens – 2 –

=	9.-13.	**Finanzergebnis**
=	14.	**Ergebnis der gewöhnlichen Geschäftstätigkeit (1.-13.)**
+	15.	außerordentliche Erträge
./.	16.	außerordentliche Aufwendungen
=	17.	**außerordentliches Ergebnis**
=	1.-17.	**Ergebnis vor Steuern**
./.	18.	Steuern vom Einkommen und Ertrag
./.	19.	sonstige Steuern
=	20.	**Jahresüberschuss/Jahresfehlbetrag**

Umsatz`kosten´verfahren

Beim **Umsatz`kosten´verfahren** (UKV) (gem. §275 Abs. 3 HGB) werden von den Umsatzerlösen weitere, nach funktionalen Gesichtspunkten (Kostenstellen) gegliederte Aufwendungen/Kosten und Erträge/Leistungen bei der Ermittlung des Jahresüberschusses/-fehlbetrages berücksichtigt. Diese Gliederung erweist sich für spätere kostenrechnerische Betrachtungen als zweckmäßig. Das Umsatz`kosten´verfahren setzt eine Kostenstellenrechnung zur Ermittlung der Herstellungs`kosten´ voraus, aus der jedoch kalkulatorische Kosten[26] zu eliminieren sind.

Das strukturelle Vorgehen zur Ermittlung der Umsatz`kosten´ ist in der folgenden Abbildung veranschaulicht.

---

[26] Vgl. zu `kalkulatorische Kosten´ Kapitel 9.2. in Band 8 dieser Reihe.

Abbildung 96 - Gliederungsschema des Umsatz`kosten´verfahren

	1.	Umsatzerlöse
./.	2.	Herstellungs`kosten´ der zur Erzielung der Umsatzerlöse erbrachten Leistungen
=	3.	Bruttoergebnis vom Umsatz
./.	4.	Vertriebs`kosten´
./.	5.	allgemeine Verwaltungs`kosten´
+	6.	sonstige betriebliche Erträge
=		**Rohergebnis (1.-3. und 6.)**
./.	7.	sonstige betriebliche Aufwendungen
+	8.	Erträge aus Beteiligungen, *davon* aus verbundenen Unternehmen
+	9.	Erträge aus anderen Wertpapieren und Ausleihungen des Finanzanlagevermögens, *davon* aus verbundenen Unternehmen
+	10.	sonstige Zinsen und ähnliche Erträge, *davon* aus verbundenen Unternehmen
./.	11.	Abschreibungen auf Finanzanlagen und auf Wertpapiere des Umlaufvermögens
./.	12.	Zinsen und ähnliche Aufwendungen, *davon* an verbundenen Unternehmen
=	13.	**Ergebnis der gewöhnlichen Geschäftstätigkeit**
+	14.	außerordentliche Erträge
./.	15.	außerordentliche Aufwendungen
=	16.	außerordentliches Ergebnis
=	1.-16.	**Ergebnis vor Steuern**
./.	17.	Steuern vom Einkommen und vom Ertrag
./.	18.	sonstige Steuern
=	19.	**Jahresüberschuss/-fehlbetrag**

Anhang

Kapitalgesellschaften haben die Bilanz und die Gewinn- und Verlustrechnung um einen **Anhang** zu erweitern, der mit diesen beiden Komponenten eine Einheit bildet (erweiterter Jahresabschluss nach §264 Abs. 1 Satz 1 HGB).

Der Anhang ergänzt die Bilanz und Gewinn- und Verlustrechnung. Dessen Aufgabe ist es, Erläuterungen zu einzelnen Positionen der Bilanz und der Gewinn- und Verlustrechnung zu geben.

Ziel des Anhangs soll es sein, ein den tatsächlichen Verhältnissen des Unternehmens entsprechendes Bild der Vermögens-, Finanz- und Erfolgslage zu vermitteln.

Informationen des Anhangs sind gem. §§284 und 285 HGB (Auszug):

- Bilanzierungs- und Bewertungsmethoden,
- Umrechnungen von Fremdwährungen,
- Angaben zu Bewertungsvereinfachungen,
- Erläuterungen zu Verbindlichkeiten,
- Aufgliederung der Umsatzerlöse,
- durchschnittliche Beschäftigungszahlen,
- Entwicklung des Anlagevermögens (Anlagenspiegel).

LAGEBERICHT

Als Ergänzung zur Bilanz, Gewinn- und Verlustrechnung und dem Anhang muss zum Jahresbericht ein **Lagebericht** von großen Kapitalgesellschaften aufgestellt werden.

Die Hauptaufgabe des Lageberichts besteht in der

- Darstellung des Geschäftsverlaufs sowie der
- **Situationsbeschreibung des Unternehmens** im Markt, so dass ein den tatsächlichen wirtschaftlichen Verhältnissen entsprechendes Bild vermittelt wird.

Als Informationen des Lageberichts (§289 HGB) sind zu nennen:

- **Deutung von Vorgängen**, die nach dem Schluss des Geschäftsjahrs eingetreten sind (beispielsweise Ausfuhrsperren, Streiks, Verlust von Großabnehmern, Konzern(ver)käufe, Konkurse von Tochterkonzernen),
- voraussichtliche Entwicklungsmöglichkeiten der (Kapital-)Gesellschaft,
- Beschreibung des Bereichs Forschung und Entwicklung.

9 Unternehmensrechnung: Betriebsbuchhaltung

Siehe Betriebs-Wirtschaft-Lehre – eine Einführung in hierarchischen Modulen – Band 8.

Abkürzungsverzeichnis

./.	mathematisches Minuszeichen (nicht zu verwechseln dem Zeichen für einen Bindestrich)
Abs.	Absatz
Abschr.	Abschreibung/-en
aLuL	aus Lieferungen und Leistungen
BetrAVG	Gesetz zur Verbesserung der betrieblichen Altersversorgung - Betriebsrentengesetz
betriebl.	betrieblich/-e
BGB	Bürgerliches Gesetzbuch
EStG	Einkommensteuergesetz
EStDV	Einkommensteuer-Durchführungsverordnung
EStR	Einkommensteuerrichtlinie
EW	Ertragswert
GKR	Gemeinschaftskontenrahmen
GW	Geschäftswert
HGB	Handelsgesetzbuch
i.e.S.	im engeren/ eigentlichen Sinne
i.V.m.	in Verbindung mit
i.w.S.	im weiteren Sinne
IKR	Industriekontenrahmen
PublG	Gesetz über die Rechnungslegung von bestimmten Unternehmen und Konzernen (Publizitätsgesetz – PublG)
SW	Substanzwert
UW	Unternehmenswert
Vgl./ vgl.	vergleiche

Sachwortregister

Nutzung des Sachwortregisters:
  Den Begriffsinhalt zum Sachwort finden Sie, in dem Sie der Seitenzahl oder dem (blauen) Pfeil folgen.

(Anschaffungs-)`Kosten´minderungen -> 101
(Anschaffungs-)Neben`kosten´ -> 101
(Anschaffungs-)Preis -> 101
(Anschaffungs-)Preis -> 101
(konstatierende) Istbilanz -> 61
(prospektive) Planbilanz -> 62
(rechtsform-)Umwandlungsbilanz -> 59
`Kaufmännische Bücher´ -> 27

A

abgeleitete steuerrechtliche Buchführungspflicht -> 35
Abgrenzung, Grundsatz der zeitraumgerechten Abgrenzung -> 40
Abschlussbuchungen der Bestandskonten -> 118, 126
Abschlussbuchungen der Erfolgs- und Privatkonten -> 135
Abschlussbuchungen der Erfolgskonten -> 137
Abschlussbuchungen der Privatkonten -> 136
Abschlussgliederungsprinzip -> 121
Abschlusskonto -> 126
Abschreibung für Abnutzung -> AfA -> 32
Abschreibung, Außerplanmäßige Abschreibung -> 107
Abschreibung, Planmäßige Abschreibung -> 106
Abschreibungsbetrag, jährliche Abschreibungsbetrag -> 32
Abschreibungssatz -> 32
AfA -> Abschreibung für Abnutzung -> 32
Affinität zwischen Handels- und Steuerbilanz -> 58
Ahndung von Verstößen gegen die Buchführungspflicht -> 43
Aktive Rechnungsabgrenzungsposten -> 76
Aktivierungsgrundsätze -> 91
aktivische Bilanzpositionen -> 68
Aktivkonten -> 124
Aktivkonten, Bestandsänderungen der Aktivkonten -> 125
Aktivseite -> 53
Aktivtausch -> 129
allgemeine Grundsätze ordnungsmäßiger Bilanzierung -> 88

allgemeine Grundsätze ordnungsmäßiger Bilanzierung, allgemeine -> 88
andere Anlagen, Betriebs- und Geschäftsausstattung -> 71
andere Gewinnrücklagen -> 81
Angaben zu Bewertungsvereinfachungen -> 145
Anhang -> 21, 22, 145, 145
Anlagen im Bau -> Geleistete Anzahlungen und Anlagen im Bau -> 72
Anlagen(ab-)rechnung -> 16
Anlagenbuch -> 32
Anlagenspiegel -> 16, 71, 145
Anlagevermögen -> 50, 68, 68
Anlagevermögen -> Entwicklung des Anlagevermögens -> 145
Anlagevermögen -> Wertpapiere des Anlagevermögens -> 73
Anlagevermögen, Wertpapiere des Anlagevermögens -> 73
Anschaffungs`kosten´ -> 100
Anschaffungs`kosten´, Höhe der Anschaffungs`kosten´ -> 115
Anschaffungskosten -> Anschaffungs`kosten´ -> 115
Anschaffungsprinzip -> 97
Anteile an verbundenen Unternehmen -> 72, 76
Anzahl der bilanzierenden Unternehmen -> 61
Anzahlungen, geleistete Anzahlungen -> 74
aperiodische Unterlagen -> Unterlagen, aperiodische -> 12
arhythmische Unterlagen -> Unterlagen, arhythmische -> 12
Aufbewahrungsfristen -> 41, 42
Aufbewahrungspflicht der Buchführungsunterlagen -> 41
Aufbewahrungspflicht, Handelsrechtliche Aufbewahrungspflicht -> 41
Aufbewahrungspflicht, sechsjährige Aufbewahrungspflicht -> 41
Aufbewahrungspflicht, steuerrechtliche Aufbewahrungspflicht -> 41
Aufbewahrungspflicht, zehnjährige Aufbewahrungspflicht -> 41
Aufgabe der Finanzbuchhaltung -> 21
Aufgabe des Jahresabschlusses -> 22
Aufgaben der Betriebsbuchhaltung -> 13
Aufgliederung der Umsatzerlös -> 145
Auflösung der Bilanz in Konten -> 118
Aufschlüsselung einzelner Bilanzpositionen -> 68
Aufteilungsmaßstab -> 71
Aufwand -> 18
Aufwandskonten -> 127, 127
Aufwandsrückstellungen -> 84
Aufwendungen -> 135
Aufwendungen -> 76

Auseinandersetzungsbilanz -> 12, 60
Ausgabe -> 18
ausgewiesenes Eigenkapital -> 78
Ausgewiesenes Eigenkapital bei Kapitalgesellschaften -> 78
Ausgewiesenes Eigenkapital bei Personengesellschaften -> 78
Ausleihungen an verbundene Unternehmen-> 72
Ausschüttungssperre -> 80
außerordentliche Bilanz -> 58
außerordentlichen Ergebnis -> 140
Außerplanmäßige Abschreibung -> 107
Auszahlung -> 18

B
beizulegender Wert -> 109
Beleg -> Keine Buchung ohne Beleg -> 39
Belege -> 39
Belege, externe Belege -> 39
Beschäftigungszahlen, durchschnittliche Beschäftigungszahlen -> 145
Beschreibung des Bereichs Forschung und Entwicklung -> 146
Bestandsänderungen der Aktivkonten -> 125
Bestandsänderungen der Passivkonten -> 125
Bestandsaufnahme (Inventur) -> 46
Bestandsaufnahme, Umfang der Bestandsaufnahme -> 46
Bestandsaufnahme, Zeitpunkt der Bestandsaufnahme -> 47
Bestandsgrößen -> 18
Bestandskonten -> 124
Bestandskonten, Abschlussbuchungen der -> Abschlussbuchungen der Bestandskonten -> 118, 126
Bestandskonten, Buchungen auf Bestandskonten -> 125
Bestandskonten, Eröffnung der Bestandskonten -> 118, 124
Bestandskontenbewegungen -> 129
Bestandsveränderungen -> 118
Bestandsveränderungen an Zwischen- und Endleistungen -> 140
Beteiligungen -> 73
betrieblich veranlasste Eigenkapitaländerungen -> 133
Betriebliche Rechnungswesen -> 7
betrieblicher Altersversorgung -> 83
Betriebsausstattung -> andere Anlagen, Betriebs- und Geschäftsausstattung -> 71
Betriebsbuchhaltung -> 13
Betriebsbuchhaltung, Aufgaben der Betriebsbuchhaltung -> 13
Betriebsergebnis -> 140

Betriebskapazität -> 68
betriebsnotwendiges Vermögen -> 19
Betriebsstoffe -> 74
Betriebsstoffe -> Roh-, Hilfs- und Betriebsstoffe -> 74
betriebsübliche Nutzungsdauer -> 32
Betriebswirtschaftliche Nutzung der Bilanz -> 62
betriebswirtschaftliche Statistik -> 15
Bewegungsbilanz -> 63
Bewegungsgrößen -> 17
Bewertung und Grundsätze der Bewertung -> 96
Bewertungsvereinfachungen, Angaben zu Bewertungsvereinfachungen -> 145
Bewertungsvorschriften -> 111
Bilanz -> 21, 22, 52, 64
Bilanz,
    außerordentliche Bilanz -> 58
    Betriebswirtschaftliche Nutzung der Bilanz -> 62
    Kapitalseite der Bilanz -> 53
    konsolidierte (konzern-)Bilanz -> 61
    mit Vorgabe eines Bilanzgliederungsschemas -> 66
    ohne Vorgabe eines Bilanzgliederungsschemas -> 65
    ordentliche Bilanz -> 58
    Vermögensseite der Bilanz -> 53
    zeitliche Ausrichtung der Bilanz -> 61
Bilanzaufstellung, Regelmäßigkeit der Bilanzaufstellung -> 58
Bilanzbuch, Inventar- und Bilanzbuch -> 28
Bilanzgleichgewicht -> 117
Bilanzgleichung -> 49, 53
Bilanzgliederung -> 90
Bilanzgliederung einer Kapitalgesellschaft -> 67
Bilanzgliederung einer Kapitalgesellschaft -> 67
Bilanzgliederung einer Nicht-Kapitalgesellschaft -> 65
Bilanzgliederungsschema -> 66
Bilanzierung nach dem Grundsatz der Vorsicht -> 90
Bilanzierung, allgemeine Grundsätze ordnungsmäßiger Bilanzierung -> 88
Bilanzierung, Grundsatz der Bilanzierung (i.e.S.) -> 88
Bilanzierung, Rechtsnorm der Bilanzierung -> 57
Bilanzierung, spezielle Grundsätze ordnungsmäßiger Bilanzierung -> 91
Bilanzklarheit -> 89
Bilanzkontinuität -> 89
Bilanzkontinuität, formelle Bilanzkontinuität -> 90

Bilanzkontinuität, Grundsatz der Bilanzkontinuität -> 89
Bilanzkontinuität, materielle Bilanzkontinuität -> 90
Bilanzpositionen, aktivische Bilanzpositionen-> 68
Bilanzpositionen, Aufschlüsselung einzelner Bilanzpositionen -> 68
Bilanzpositionen, Passivische Bilanzpositionen -> 78
Bilanzverkürzung -> 130
Bilanzverlängerung -> 130
Bilanzwahrheit -> 89
Bilanzwahrheit, Grundsatz der Bilanzwahrheit -> 89
Bruttoprinzip -> 140
Bücher -> `Kaufmännische Bücher´ -> 27
Buchführung -> 27
Buchführung, Doppelte Buchführung -> 30
Buchführung, Doppik der Buchführung -> 30
Buchführung, einfache Buchführung -> 28
Buchführung, Grundsätze ordnungsmäßiger Buchführung (GoB) -> 37
Buchführung, mangelhaft -> Verpflichteter führt die Bücher mangelhaft -> 43
Buchführung, Methode der Doppelten Buchführung -> 30
Buchführung, Mindestanforderungen an die Buchführung -> 27
Buchführung, Ordnungsmäßigkeit der Buchführung -> 37
Buchführungspflicht -> 34
Buchführungspflicht, abgeleitete steuerrechtliche -> abgeleitete steuerrechtliche Buchführungspflicht -> 35
Buchführungspflicht, Ahndung von Verstößen gegen die Buchführungspflicht -> 43
Buchführungspflicht, erweiterte steuerrechtliche Buchführungspflicht -> 36
Buchführungspflicht, handelsrechtliche Buchführungspflicht -> 34
Buchführungspflicht, steuerrechtliche Buchführungspflicht -> 35
Buchführungssystem -> 27
Buchführungsunterlagen, Aufbewahrungspflicht der Buchführungsunterlagen -> 41
Buchung der Geschäftsvorfälle -> 118
Buchungen -> 124
Buchungen auf Bestandskonten -> 125
Buchungen auf den Erfolgskonten -> 135
Buchungen auf Erfolgs- und Privatkonten -> 135
Buchungsgrundsatz -> 119
Buchungssatz -> 119, 119
Buchungssatz, einfacher Buchungssatz -> 119
Buchungssatz, zusammengesetzter Buchungssatz -> 119
Buchungssätze -> 118
C

D
Darstellung des Geschäftsverlaufs -> 146
Debitorenbuchhaltung -> 32
Deutung von Vorgängen -> 146
Dispositionsaufgabe -> 8
Dividendenpolitik -> 81
Dokumentations- und Kontrollaufgabe -> 8
Doppelte Buchführung -> 30, 30
Doppik der Buchführung -> 30
drohende Verluste -> 83
Drohverlustrückstellung -> 85
durchschnittliche Beschäftigungszahlen -> 145
Durchschnittsbewertung -> 112
Durchschnittswertermittlung, Einfache Jährliche Durchschnittswertermittlung -> 113
Durchschnittswertermittlung, Permanente Durchschnittswertermittlung -> 113

E
Eigenkapital -> 127
Eigenkapital -> 78, 78
Eigenkapitaländerungen -> 133
Eigenkapitaländerungen, betrieblich veranlasste Eigenkapitaländerungen -> 133
Eigenkapitaländerungen, privat veranlasste Eigenkapitaländerungen -> 134
Eigenkapitalmehrungen -> 133
Eigenkapitalminderungen -> 133
Eigenkapitalvergleich -> 138
einfache Buchführung -> 28
Einfache Jährliche Durchschnittswertermittlung -> 113
einfacher Buchungssatz -> 119
Einkreissystem -> 120
Einnahme -> 18
Einzahlung -> 18
Einzel`kosten´ der Leistungserstellung -> 104
Einzelbewertung -> 111
Einzelbilanz -> 61
Entwicklung des Anlagevermögens -> 145
Entwicklungsmöglichkeiten, voraussichtliche Entwicklungsmöglichkeiten -> 146
Erfolg -> 19
Erfolgs- und Privatkonten, Abschlussbuchungen -> Abschlussbuchungen der Erfolgs- und Privatkonten -> 135
Erfolgsermittlung -> 138
Erfolgskonten -> 127

Erfolgskonten -> 135
Erfolgskonten, Abschlussbuchungen der -> Abschlussbuchungen der Erfolgskonten -> 137
Erfolgskonten, Buchungen auf den Erfolgskonten -> 135
Erfolgskontenbewegungen -> 131
Erfolgsrechnung, Kurzfristige Erfolgsrechnung -> 14
Erfolgs-und Privatkonten, Buchungen auf Erfolgs- und Privatkonten -> 135
Ergebnis vor Steuern -> 140
Ergebnis, außerordentlichen Ergebnis -> 140
Erläuterungen zu Verbindlichkeiten -> 145
Ermittlung der Herstellungs`kosten´ -> 143
Eröffnung der Bestandskonten -> 118, 124, 124
Erstellung des Jahresabschlusses -> 22
Ertrag -> 18
Erträge -> 86, 135
Ertragskonten -> 128, 128
Ertragswert -> 70
erweiterte steuerrechtliche Buchführungspflicht -> 36
erworbene Geschäftswert -> 69
Erzeugnisse, fertige Erzeugnisse -> 74, 74
Erzeugnisse, unfertige Erzeugnisse -> 74
Eventualverbindlichkeiten -> 85
extern orientiertes Rechnungswesen -> 11
externe Belege -> 39
F
Fertige Erzeugnisse -> 74, 74
Festbewertung -> 111
Fifo-Verfahren -> 114
Finanzanlagen -> 72
Finanzbuchhaltung -> 20
Finanzbuchhaltung, Aufgabe der Finanzbuchhaltung -> 21
Finanzbuchhaltung, Gliederungsphasen der Finanzbuchhaltung -> 21
Finanzbuchhaltungsebene -> 18
Finanzergebnis -> 140
finanzielles Gleichgewicht -> 62
Finanzwesen -> 7
Firmenwert -> Geschäfts- oder Firmenwert -> 69
Flüssige Mittel -> 76, 76
Forderungen -> 74, 75
Forderungen aus Lieferungen und Leistungen -> 75
Forderungen gegenüber Unternehmen, mit denen ein Beteiligungsverhältnis besteht -> 75

Forderungen gegenüber verbundenen Unternehmen -> 75
formelle Bilanzkontinuität -> 90
formelle Grundsätze der GoB -> 38
Forschung und Entwicklung, Beschreibung des Bereichs Forschung und Entwicklung -> 146
fortgeführte Anschaffungs- oder Herstellungs`kosten´ -> 106
Fremdkapital -> 83, 83
Fremdwährungen, Umrechnungen von Fremdwährungen -> 145
Fristen -> Offenlegungs- und Aufstellungsfristen -> 24
Fristigkeit -> 51
Führungsinformationen, qualitative Führungsinformationen -> 6
Führungsinformationen, quantitative Führungsinformationen -> 6
Fusionen -> 81
Fusionsbilanz -> 12, 59

G

Garantierückstellung -> 84
Gegenbuchung -> KEINE BUCHUNG OHNE GEGENBUCHUNG -> 119
Gehaltsbuch -> Lohn- und Gehaltsbuch -> 32
Geld -> 7
Geldvermögen -> 19
Geldvermögensebene -> 18
geleistete Anzahlungen ->70, 74
Geleistete Anzahlungen und Anlagen im Bau -> 72
Gemein`kosten´ der Leistungserstellung -> 104
Gemeinschaftsbilanz -> 61
Gemeinschaftskontenrahmen -> 120
gemildertes Niederstwertprinzip -> 98
geringfügige Mängel -> Mängel, geringfügige -> 43
Gesamt`kosten´verfahren -> 139, 140
Gesamtkostenverfahren -> Gesamt`kosten´verfahren -> 139, 140
Gesamtvermögen -> 19
Geschäfts- oder Firmenwert -> 69, 69
Geschäftsausstattung -> andere Anlagen, Betriebs- und Geschäftsausstattung -> 71
Geschäftsbuchhaltung -> 20
Geschäftsverlauf, Darstellung des Geschäftsverlaufs -> 146
Geschäftsvorfälle -> 20, 20
Geschäftsvorfälle, Buchung der Geschäftsvorfälle -> 118
Geschäftswert -> 70
Geschäftswert, erworbene Geschäftswert -> 69
Geschäftswert, originäre Geschäftswert -> 69
Gesellschaftsmittel -> Kapitalerhöhung aus Gesellschaftsmitteln -> 81

gesetzliche Rücklage -> 80
Gewährleistungen -> 84
Gewerbliche Unternehmer -> 36, 52
Gewinn- und Verlustrechnung -> 21, 22, 138
Gewinnrücklage -> 80, 80
Gewinnrücklagen, andere -> andere Gewinnrücklagen -> 81
Gewinnvortrag/ Verlustvortrag -> 81
gezeichnetes Kapital -> 79
Gleichgewicht, finanzielles Gleichgewicht -> 62
Gliederungsphasen der Finanzbuchhaltung -> 21
große und mittelgroße Kapitalgesellschaften -> 66
Grund und Boden -> 71, 71
Grundbuch -> 30, 30
Grundkapital -> 79
Grundsatz -> 39
Grundsatz der Bilanzierung (i.e.S.) -> 88
Grundsatz der Bilanzkontinuität -> 89
Grundsatz der Bilanzwahrheit -> 89
Grundsatz der formellen Richtigkeit -> 39
Grundsatz der materiellen Richtigkeit -> 40
Grundsatz der Übersichtlichkeit und Nachvollziehbarkeit -> 39
Grundsatz der Vollständigkeit -> 40
Grundsatz der Vorsicht, Bilanzierung nach dem Grundsatz der Vorsicht -> 90
Grundsatz der Zeitfolge -> 39
Grundsatz der zeitraumgerechten Abgrenzung -> 40
Grundsätze der GoB, formelle Grundsätze der GoB -> 38
Grundsätze der GoB, materielle Grundsätze der GoB -> 40
Grundsätze ordnungsmäßiger Buchführung (GoB) -> 37, 37
Grundsatzes der kaufmännischen Vorsicht -> 90
Gründungsbilanz -> 12, 59
H
Haben -> 118
Handelsbilanz -> 57
Handelsrechtliche Aufbewahrungspflicht -> 41
handelsrechtliche Buchführungspflicht -> 34
Hauptbuch -> 31, 31
Herstell`kosten´, Ermittlung der Herstellungs`kosten´ -> 143
Herstellungs`kosten´ -> 102
Herstellungs`kosten´ -> fortgeführte Anschaffungs- oder Herstellungs`kosten´ -> 106
Herstellungskosten -> 143

Hifo-Verfahren -> 115
Hilfsbücher -> Neben- und Hilfsbücher -> 29
Hilfsstoffe -> 74
Hilfsstoffe -> Roh-, Hilfs- und Betriebsstoffe -> 74
Höchstwertprinzip -> 98
Höhe der Anschaffungs`kosten´ -> 115

I

Immaterielles Vermögen -> 69
Imparitätsprinzip -> 96
Industriekontenrahmen -> 121
Informationsaufgabe -> Rechenschaftslegung- und Informationsaufgabe -> 9
Insolvenzbilanz -> 12, 60
Insolvenzeröffnungsbilanz -> 60
Insolvenzverteilungsbilanz -> 60
Instandhaltungsrückstellung -> 84
intern orientiertes Rechnungswesen -> 13
interne Belege -> 40
Inventar -> 21, 49, 49, 52, 64
Inventar- und Bilanzbuch -> 28, 30
Inventarisierung -> Regeln für die Inventarisierung der Schulden -> 51
Inventarisierung -> Regeln für die Inventarisierung der Vermögensgegenstände -> 50
Inventur -> 21
Inventur, Bestandsaufnahme (Inventur) -> 46
Inventur, nachgelagerte -> vor- oder nachverlegte Inventur -> 47
Inventur, Permanente Inventur -> 48
Inventur, vor- oder nachverlegte Inventur -> 47
Inventurformen -> 46
Inventurpflicht -> 46
Istbilanz -> (konstatierende) Istbilanz -> 61

J

Jahresabschluss -> 12
Jahresabschluss -> 12, 22, 22
Jahresabschluss, Aufgabe des Jahresabschlusses -> 22
Jahresabschluss, Erstellung des Jahresabschlusses -> 22
Jahresabschluss, jährliche Abschreibungsbetrag Jahresabschluss -> 12
Jahresabschluss, konzernbezogener Jahresabschluss -> 26
Jahresabschluss, unternehmensbezogener Jahresabschluss -> 22
Jahresergebnis -> 81
Jahresüberschuss/ Jahresfehlbetrag -> 81
jährliche Abschreibungsbetrag -> 32

K

kalkulatorisch -> 19
Kapitalerhöhung aus Gesellschaftsmitteln -> 81
Kapitalgesellschaft, Bilanzgliederung einer Kapitalgesellschaft -> 67
Kapitalgesellschaften, große und mittelgroße Kapitalgesellschaften -> 66
Kapitalgesellschaften, kleine Kapitalgesellschaften -> 66
Kapitalherkunftsseite -> 53
Kapitalrücklage -> 79, 79
Kapitalseite der Bilanz -> 53
Kapitalverwendungsseite -> 53
Kasse -> 19
Kassenbuch -> 28
Kaufmann -> 34
Kaufmannseigenschaft -> 34
Keine Buchung ohne Beleg -> 39
KEINE BUCHUNG OHNE GEGENBUCHUNG -> 119
Kifo-Verfahren -> 116
Kilo-Verfahren -> 116
kleine Kapitalgesellschaften -> 66
Konten -> 118
Konten -> T-Konten -> 118
Konten, Auflösung der Bilanz in Konten -> 118
Kontenart -> 120
Kontenform -> 139
Kontengruppen -> 120
Kontenklassen -> 120
Kontenplan -> 120
Kontenplan -> Kontenrahmen - Kontenplan -> 119
Kontenrahmen - Kontenplan -> 119
Kontenrahmen -> 118, 119, 120
Kontokorrentbuch -> 28, 32
Kontokorrentrechnung -> 16
Konzern -> 26
Konzernabschluss -> 26
konzernbezogener Jahresabschluss -> 26
Konzernbilanz -> konsolidierte (konzern-)Bilanz -> 61
Konzernprioritäten -> 116
Konzessionen -> 69
Konzessionen, gewerbliche Schutzrechte -> 69
Kosten -> 19

Kosten- und Leistungsrechnung -> 13, 18
Kostenrechnung -> 14
Kreditorenbuchhaltung -> 32
Kulanzrückstellung -> 84
Kurzfristige Erfolgsrechnung -> 14
Kurzfristige Schulden -> 51
kurzfristige Verbindlichkeiten -> 86

L

Lagebericht -> 21, 22, 146
Lagerbuch -> 33
Land- und Forstwirte -> 36
Langfristige Schulden -> 51
langfristige Verbindlichkeiten -> 85
Leistung -> 19
Leistungserstellung, Einzel`kosten´ der Leistungserstellung -> 104
Leistungserstellung, Gemein`kosten´ der Leistungserstellung -> 104
Leistungserstellung, Sondereinzel`kosten´ der Leistungserstellung -> 104
Leistungsrechnung -> 14
Lifo-Verfahren -> 114
Liquidität -> 62, 62
Liquidationsbilanz -> 12, 60
Liquiditätsbilanz -> 12
Liquiditätsbilanz -> 62
Liquiditätsebene -> 18
Liquiditätslage -> 85
Lofo-Verfahren -> 115
Lohn- und Gehalts(ab)rechnung -> 16
Lohn- und Gehaltsbuch -> 32

M

Mängel -> 43
Mängel, geringfügige -> 43
mangelhafte Buchführung -> Verpflichteter führt die Bücher mangelhaft-> 43
Maßgeblichkeitsgrundsatz -> 57
Maßgeblichkeitsprinzip -> 88
Maßstäbe der Bewertung -> 99
Materialeinzel`kosten´ -> 104
Materialgemein`kosten´ -> 104
Materialrechnung -> 16
materielle Bilanzkontinuität -> 90
materielle Grundsätze der GoB -> 40

Methode der Doppelten Buchführung -> 30
Mindestanforderungen an die Buchführung -> 27
Mittel, Flüssige Mittel -> 76, 76
mittelbare Pensionsverpflichtung -> 84
mittelbaren Pensionszusage -> 84
Mittelherkunft -> 53, 63
Mittelverwendung -> 53, 63

N

nachträgliche (Anschaffungs-)´Kosten´ -> 101
Nachvollziehbarkeit, Grundsatz der Übersichtlichkeit und Nachvollziehbarkeit -> 39
Neben- und Hilfsbücher -> 29, 29, 31
Nettoprinzip -> 140
Neuinvestitionen -> 81
Nicht-Kapitalgesellschaft, Bilanzgliederung einer Nicht-Kapitalgesellschaft -> 65
Niederstwertprinzip -> 97
Niederstwertprinzip, gemildertes Niederstwertprinzip -> 98
Niederstwertprinzip, strenges Niederstwertprinzip -> 97
Nutzungsdauer, betriebsübliche Nutzungsdauer -> 32

O

offene Rechnungen -> 75
Offenlegungs- und Aufstellungsfristen -> 24
Offenlegungs- und Prüfungspflichten -> 23
Offenlegungspflichten -> 24
ordentliche Bilanz -> 58
Ordnungsmäßigkeit der Buchführung -> 37
originäre Geschäftswert -> 69

P

passive Rechnungsabgrenzungsposten -> 86
Passivierungsgrundsätze -> 93
Passivierungspflicht, Zeitpunkt der Passivierungspflicht -> 93
Passivische Bilanzpositionen -> 78
Passivkonten -> 124
Passivkonten, Bestandsänderungen der Passivkonten -> 125
Passivseite -> 53
Passivtausch -> 129
Pensionsrückstellungen -> 83
Pensionsverpflichtung, mittelbare Pensionsverpflichtung -> 84
Pensionszusage, mittelbaren Pensionszusage -> 84
Pensionszusage, unmittelbare Pensionszusage -> 84
periodischen Unterlagen -> 11

Permanente Durchschnittswertermittlung -> 113
Permanente Inventur -> 48
Pflichten -> Offenlegungs- und Prüfungspflichten -> 23
Planbilanz, (prospektive) Planbilanz -> 62
Planmäßige Abschreibung -> 106
Planungsrechnung -> 15
Preis, (Anschaffungs-)Preis -> 101
privat veranlasste Eigenkapitaländerungen -> 134
Privateinlagen -> 135
Privateinlagen -> 134
Privatentnahmen -> 135
Privatentnahmen -> 134
Privatkonten -> 135
Privatkonten, Abschlussbuchungen der -> Abschlussbuchungen der Privatkonten -> 136
Prozessgliederungsprinzip -> 120
Prozesskostenrückstellung -> 85
Prüfungspflichten -> 24

Q
qualitative Führungsinformationen -> 6
quantitative Führungsinformationen -> 6

R
Realisationsprinzip -> 96
Rechenschaftslegung- und Informationsaufgabe -> 9
Rechnungen, offene Rechnungen -> 75
Rechnungsabgrenzungsposten -> Aktive Rechnungsabgrenzungsposten -> 76
Rechnungswesen -> Sonderrechnungen des intern orientierten Rechnungswesens -> 15
Rechnungswesen, Betriebliche Rechnungswesen -> 7
Rechnungswesen, extern orientiertes Rechnungswesen -> 11
Rechnungswesen, intern orientiertes Rechnungswesen -> 13
Rechtsnorm der Bilanzierung -> 57
Regelmäßigkeit der Bilanzaufstellung -> 58
Regeln für die Inventarisierung der Schulden -> 51
Regeln für die Inventarisierung der Vermögensgegenstände -> 50
Reproduktionswert -> 70
Reserve, eiserne -> eiserne Reserve -> 80
Reserven, stille Reserven -> 97
rhythmische Unterlagen -> 11
Richtigkeit, Grundsatz der formellen Richtigkeit -> 39
Richtigkeit, Grundsatz der materiellen Richtigkeit -> 40
Roh-, Hilfs- und Betriebsstoffe -> 74

Rohstoffe -> 74
Rücklage, gesetzliche -> gesetzliche Rücklage -> 80
Rücklagen -> 79, 79
Rücklagen, satzungsmäßige -> satzungsmäßige Rücklagen -> 80
Rücklagen, stille -> Stille Rücklagen -> 81
Rückstellungen -> 83, 83
Rückstellungen, sonstige Rückstellungen -> 84

S

Sachanlagen -> 70
Salden -> 118
Saldo -> 126
Sammelbewertung -> 112
Sammelposten -> 76
Sanierungsbilanz -> 59
satzungsmäßige Rücklagen -> 80, 80
Schlussbilanzkonto -> 126
Schulden -> 20, 51
Schulden > 83
Schulden -> Regeln für die Inventarisierung der Schulden -> 51
Schulden, Kurzfristige Schulden -> 51
Schulden, Langfristige Schulden -> 51
Schulden, Umfang der Schulden -> 93
sechsjährige Aufbewahrungspflicht -> 41, 42
Situationsbeschreibung des Unternehmens -> 146
Soll -> 118
Sonderbilanzen -> 12
Sondereinzel`kosten´ der Leistungserstellung -> 104
Sonderrechnungen des intern orientierten Rechnungswesens -> 15
sonstige Rückstellungen -> 84
sonstige Vermögensgegenstände -> 76
spezielle Grundsätze ordnungsmäßiger Bilanzierung -> 91
Staffelform -> 139
Stammkapital -> 79
Statistik, betriebswirtschaftliche Statistik -> 15
Steuerberichtigung -> 43
Steuerbilanz -> 57
Steuergefährdung -> 43, 43
Steuerhinterziehung -> 43
Steuerhinterziehungen -> 44
Steuern, Ergebnis vor Steuern -> 140

steuerrechtliche Aufbewahrungspflicht -> 41
steuerrechtliche Buchführungspflicht -> 35
Steuerrückstellungen -> 84
Steuerverkürzung -> 43
Steuerverkürzungen -> 44
Stichprobeninventur -> 47
Stichtagsinventur -> 47
stille Reserven -> 97
Stille Rücklagen -> 81
strenges Niederstwertprinzip -> 97
Substanzwert -> 70

T

Tagebuch -> 28
Tageswert -> 108
tatsächliche Eigenkapital -> 81
tatsächliches Eigenkapital -> 81
technische Anlagen und Maschinen -> 71
Teilwert -> 110
T-Konten -> 118

U

Übersichtlichkeit, Grundsatz der Übersichtlichkeit und Nachvollziehbarkeit -> 39
Umfang der Bestandsaufnahme -> 46
Umfang der Schulden -> 93
Umlaufvermögen -> 51, 73
Umlaufvermögen, Wertpapiere des Umlaufvermögens -> 76
Umrechnungen von Fremdwährungen -> 145
Umsatz`kosten´verfahren -> 139, 143
Umsatz`kosten´verfahren -> Umsatz`kosten´verfahren -> 139, 143
Umsatzerlöse, Aufgliederung der Umsatzerlös -> 145
Umwandlungsbilanz -> (rechtsform-)Umwandlungsbilanz -> 59
unfertige Erzeugnisse -> 74, 74
ungewisse Schulden -> 83
ungewissen Verbindlichkeiten -> 84
unmittelbare Pensionsverpflichtung -> 84
unmittelbare Pensionszusage -> 84
Unterlagen, aperiodische -> aperiodische Unterlagen -> 12
Unterlagen, arhythmische -> arhythmische Unterlagen -> 12
Unterlagen, periodischen Unterlagen -> 11
Unterlagen, rhythmische Unterlagen -> 11
Unternehmen -> Situationsbeschreibung des Unternehmens -> 146

Unternehmen, Anteile an verbundenen Unternehmen -> 76
Unternehmen, Anzahl der bilanzierenden Unternehmen -> 61
Unternehmen, Forderungen gegenüber verbundenen Unternehmen -> 75
Unternehmen, Verbundene Unternehmen -> 75
unternehmensbezogener Jahresabschluss -> 22
Unternehmensrechnung -> 5, 6
Unternehmensrechnung, Aufgabe der Unternehmensrechnung -> 5
Unternehmenswert -> 70
Unternehmer, Gewerbliche Unternehmer -> 36, 52

V

Verbindlichkeiten -> 83, 85, 85
Verbindlichkeiten, Erläuterungen zu Verbindlichkeiten -> 145
Verbindlichkeiten, kurzfristige Verbindlichkeiten -> 86
Verbindlichkeiten, langfristige Verbindlichkeiten -> 85
Verbindlichkeiten, ungewissen Verbindlichkeiten -> 84
Verbrauchsfolgeverfahren -> 114
Verbrauchszeitpunkten -> 114
Verbundene Unternehmen -> 75
Verfahren,
    Fifo-Verfahren -> 114
    Hifo-Verfahren -> 115
    Kifo-Verfahren -> 116
    Kilo-Verfahren -> 116
    Lifo-Verfahren -> 114
    Lofo-Verfahren -> 115
Verkaufswert -> 109
Verlustrückstellungen -> Drohverlustrückstellung -> 85
Verlustvortrag -> 80
Vermögen, betriebsnotwendiges Vermögen -> 19
Vermögensbilanz -> 12
Vermögensgegenstände -> Regeln für die Inventarisierung der Vermögensgegenstände -> 50
Vermögensgegenstände, sonstige Vermögensgegenstände -> 76
Vermögensseite der Bilanz -> 53
Verpflichteter führt die Bücher mangelhaft -> 43
Verpflichteter führt keine Bücher -> 43
Verschuldungsbilanz -> 12
Verwaltungsgemein`kosten´ -> 105
Verwertungs`kosten´ -> 105
Vollinventur -> 46
Vollschätzung -> 43

Vollständigkeit, Grundsatz der Vollständigkeit -> 40
vor- oder nachverlegte Inventur -> 47
voraussichtliche Entwicklungsmöglichkeiten -> 146
Vorgänge, Deutung von Vorgängen -> 146
Vorräte -> 73
Vorsicht, Grundsatzes der kaufmännischen Vorsicht -> 90

W

Wechsel -> 33
Wechselbuch -> 33
Wert, beizulegender -> beizulegender Wert -> 109
Wertaufholung -> 98
Wertpapierbuch -> 33
Wertpapiere -> 76
Wertpapiere des Anlagevermögens -> 73
Wertpapiere des Umlaufvermögens -> 76
Wiederbeschaffungswert -> 109
Wirtschaftswert -> 36

X

Y

Z

zehnjährige Aufbewahrungspflicht -> 41, 42
Zeitfolge, Grundsatz der Zeitfolge -> 39
zeitliche Ausrichtung der Bilanz -> 61
Zeitpunkt der Bestandsaufnahme -> 47
Zeitpunkt der Passivierungspflicht -> 93
Zeitwert -> 71
zusammengesetzter Buchungssatz -> 119
Zuschätzung -> 43
Zwangsgeld -> 43
Zweikreissystem -> 121
Zwischen- und Endleistungen, Bestandsveränderungen an Zwischen- und Endleistungen -> 140

Literaturverzeichnis

Bornhofen, M., & Busch, E. (1993). *Buchführung 1 und 2, ab 5. Aufl.* Wiesbaden: Gabler Verlag.

Clausius, E. (1998). *Betriebswirtschaftslehre I - Einführung in hierarchischen Modulen.* München, Wien: Oldenbourg.

Clausius, E. (2000). *Betriebswirtschaftslehre II – Grundlagen des Finanzwesens in hierarchischen Modulen.* München, Wien: Oldenbourg.

Clausius, E. (2014). *Betriebswirtschaftslehre - Eine Einführung in hierarchischen Modulen, Band 1 – Einführung.* Norderstedt: BoD.

Clausius, E. (2014). *Betriebswirtschaftslehre - Eine Einführung in hierarchischen Modulen, Band 2 – Betrieb als Erkenntnisobjekt der BWL.* Norderstedt: BoD.

Clausius, E. (2014). *Betriebswirtschaftslehre - Eine Einführung in hierarchischen Modulen, Band 3 – Konstitutionaler Rahmen von Betrieben.* Norderstedt: BoD.

Clausius, E. (2014). *Betriebswirtschaftslehre - Eine Einführung in hierarchischen Modulen, Band 4 – Privatrechtliche Formen von Betrieben.* Norderstedt: BoD.

Clausius, E. (2015). *Betriebswirtschaftslehre - Eine Einführung in hierarchischen Modulen, Band 5 – Unternehmenswendepunkte.* Norderstedt: BoD.

Clausius, E. (2015). *Betriebswirtschaftslehre - Eine Einführung in hierarchischen Modulen, Band 6 – Institutionaler Rahmen von Betrieben.* Norderstedt : BoD.

Clausius, E. (2016). *Das Zweite Gehalt.* Norderstedt: BoD.

Deitermann, M., & Schmolke, S. (1994). *Industrielles Rechnungswesen - IKR - Finanzbuchhaltung, Analyse und Kritik des Jahresabschlusses, Kosten- und Leistungsrechnung. Einführung und Praxis, ab 22. Aufl.* Darmstadt: Winklers Verlag.

Kloock, J. (1993). *Bilanz und Erfolgsrechnung, ab 2. Aufl.* Düsseldorf: Werner-Verlag.

Kugler, G. (. (1992). *Betriebswirtschaftslehre der Unternehmung, ab 12. Aufl.* Haan-Gruiten: Europa-Lehrmittel.

Olfert, K. (1989). *Bilanzen, ab 5. Aufl.* Ludwigshafen: Kiehl Verlag.
Peters, S. (1992). *Betriebswirtschaftslehre, ab 6. Aufl.* München: Oldenbourg Verlag.
Weber, K. (1992). Grundbegriffe der Kostenrechnung. In W. M. (Hrsg.), *Handbuch Kostenrechnung* (S. 5ff.). Wiesbaden: Gabler.
Weber, W. (ab 1992). *Einführung in die Betriebswirtschaftslehre.* Wiesbaden: Gabler.
Wöhe, G., & Döring, U. (1992). *Bilanzierung und Bilanzpolitik, ab 8. Aufl.* München: Franz Vahlen Verlag.

Über den Autor

Email: ecl@eikeclausius.de; Homepage: www.eikeclausius.de;

Dr. Eike Clausius studierte Wirtschaft und Chemie in Berlin, Niederlanden, (ehem.) Tschechoslowakei und den USA und schloss sein Studium als Wirtschaftsingenieur an der TU Berlin mit dem Dipl.-Ingenieur/ TU 1983 ab.

Nach mehrjähriger Tätigkeit in der Industrie promovierte er 1992 zum Dr. rer. oec. an der TU Berlin. 1994 erhielt er einen Ruf zum Professor auf den Lehrstuhl für Allgemeine Betriebswirtschaftslehre an die Westsächsischen Hochschule Zwickau in Zwickau/ Sachsen. Er erweiterte seine Kenntnisse um den Forschungs- und Spezialschwerpunkt:
Unternehmensführung mit emotionaler Kompetenz, insbesondere die
EIKE-Methode – **E**motional-**I**ntelligence-as-**K**ey-**E**lement.
Er ist Bestseller-Autor mehrerer wissenschaftlicher Bücher, Healthy-Living- und Mental-Coach sowie Persönlichkeits-Trainer. Er ist in unterschiedlichen Unternehmen als Coach sowie All-umfassender Trainer tätig.
Mit seiner Familie lebt er in Berlin.

Kontakt zum Autor für Seminarinteressierte, Unterstützer seiner Forschungsgebiete und Sponsoren:
Homepage: www.eikeclausius.de; www.EIKE-Methode.de;
www.das-zweite-gehalt.de;
www.the-second-income.org; www.la-segunda-fuente.de
Email: ecl@eikeclausius.de

Notizen

Notizen

Notizen

Notizen

Notizen

Notizen